COREA DEL SUR y LATINOAMÉRICA

TRANSFORMACIÓN SOCIOESPIRITUAL

COREA DEL SUR y LATINOAMÉRICA

LA BATALLA CULTURAL PARA EMPEZAR A TRANSITAR
LAS SENDAS DEL ORDEN SOCIAL Y PROGRESO ECONÓMICO

ARIEL KIM

HOJAS DEL SUR
Buenos Aires
www.hojasdelsur.com

Corea del Sur y Latinoamérica
Ariel Kim

1a edición

Editorial Hojas del Sur S.A.
Albarellos 3016
Buenos Aires, C1419FSU, Argentina
e-mail: info@hojasdelsur.com
www.hojasdelsur.com

ISBN 978-631-6631-04-6

Dirección editorial: Andrés Mego
Diseño de interior y portada: Arte Hojas del Sur

Kim, Ariel
Corea del Sur y Latinoamérica : transformación socioespiritual / Ariel Kim. - 1a ed -
Ciudad Autónoma de Buenos Aires : Hojas del Sur, 2024.
176 p. ; 23 x 15 cm.
ISBN 978-631-6631-04-6
1. Ensayo. I. Título.
CDD 306.09

Índice

Prólogo

Desde hace unas décadas, el significativo desarrollo económico conocido como "el milagro del río Han" ha sido objeto de estudio por parte de las universidades más prestigiosas del mundo. Se han escrito cientos y miles de páginas que intentaban explicar cómo un país que había quedado devastado por una guerra se había levantado de las cenizas en tan solo una generación, para luego convertirse en una promesa seria en términos de progreso, y llegar a ser después de siete décadas una potencia mundial indiscutida.

Hoy día, los datos hablan por sí solos. Corea del Sur no solo es un miembro de la OCDE (Organización para la Cooperación y Desarrollo Económicos) y del Club de París que, con un PBI per cápita de más de 32.000 dólares estadounidenses representa la decimotercera economía del planeta, sino también es considerado como un país del Primer Mundo que integra el G20. Como si esto fuera poco, en estos últimos años, Corea del Sur se ha posicionado como el nuevo centro de la cultura global, motivo por el cual todo lo que produce Corea como contenido marca tendencia en las redes sociales y se pone de moda en cuestión de segundos.

Este giro de 180 grados que ha dado el país en cuanto a su imagen ha hecho que los libros relacionados con Corea del Sur como marca registrada se hayan volcado a la categoría de cultura con el fenómeno del *K-pop* como vanguardia, el cual despierta un fanatismo singular en cada rincón del orbe, y el desembarco en toda la región de América Latina no es una excepción. Da la sensación de que, sobre la base de un aumento considerable del consumo de la cultura coreana, llámese *K-drama, K-food* o *K-beauty*, "la ola coreana" *(Korean Wave)* se ha convertido en el nuevo lenguaje de la juventud latinoamericana. En términos prácticos, se moviliza en carros *Kia*, se conecta con teléfonos *Samsung*, canta un hit de alguna banda de *K-pop* en idioma coreano, y finaliza el día mirando alguna serie coreana en *Netflix*. Y, de tanto en tanto, consume comida coreana como *Bulgogi* o *Gimbap*.

No obstante, pocos *millennials* conocen que, hace unos 70 años atrás, la península coreana ha sido uno de los sitios más violentos y sangrientos de la Tierra producto de un conflicto bélico, el cual dejó un saldo de 1.767.328 víctimas en el Sur, y de 3.273.600 en el Norte. Después del acuerdo de armisticio firmado el 27 de julio de 1953, todo el territorio nacional ya se había convertido en una especie de asentamiento precario en donde ninguna institución funcionaba. Y los indicadores reflejaban esta miseria. En 1961, Corea del Sur era el país más pobre del mundo de acuerdo a los registros del Banco Mundial, pues el PBI per cápita promediaba los 100 dólares estadounidenses.

Sin embargo, al inicio de la década del setenta, algo cambió. Efectivamente, muchos eruditos atribuyen el desarrollo económico y progreso social a un movimiento socioeconómico que tuvo como eje la integración de las zonas rurales y la mejora de la calidad ambiental. Basado en el sentido común, ningún coreano del siglo XX sería capaz de negar que el movimiento Saemaul tuvo una injerencia directa en términos de cambio de mentalidad y estilo de vida a partir de 1970 durante el Gobierno de Park Chung Hee.

Lo curioso es que se desconoce casi de manera absoluta que este notable desarrollo económico estuvo fuertemente respaldado por un movimiento de índole espiritual. El lema característico de este movimiento social que decía: "Se puede vivir bien" no era otra cosa que una reinterpretación popular de un valor espiritual que estaba escrito en La Biblia.

Aquí está el elemento distintivo que lo hace único y especial a este libro pues, a diferencia de todo lo que se ha publicado en el pasado y (me atrevo a decir) todo lo que se escribirá en el futuro, pretende brindar al lector una mirada socioespiritual.

Conforme a mi criterio, el factor socioespiritual es fundamental en lo que respecta al progreso o retroceso de una nación, ya que son los valores que mueven el fondo. Pero, para el asombro de uno, el adjetivo "socioespiritual" no parece ser un término que se maneje usualmente en círculos académicos. Tanto es así que, cuando uno escribe este adjetivo, es casi nula la cantidad de material que encuentra en los portales de internet, ya que el juego de palabras se limita a "sociopolítico", "socioeconómico", o "sociocultural" en el mejor de los casos, como si el espectro espiritual no tuviera ninguna clase de influencia en lo social.

Esta obra literaria es un fruto de las conferencias que he brindado a lo largo del continente en estos 20 años y, en todos los países que he visitado, la gente ha coincidido en que Latinoamérica debe dar una batalla cultural para empezar a transitar las sendas del orden social y progreso económico. Pero ¿cómo se consigue esto? Mi hipótesis se resume en que no puede surgir un cambio socioeconómico sin antes haber producido una transformación espiritual. De ahí nace mi frase: "transformación socioespiritual".

Este libro narra la apasionante historia de un país que pasó de una miseria absoluta a una prosperidad superlativa, y describe su actualidad con lujo de detalles con información precisa, datos chequeados y análisis objetivo que se adecuan a los más altos estándares académicos con la salvedad de que las referencias no se encuentran al pie de página, dado que la idea es facilitar la ágil lectura al no pretender ser un libro erudito, sino popular.

Estoy persuadido de que el lector quedará atrapado al observar a Corea del Sur desde un ángulo totalmente innovador, por ende, distinto al que ofrecen otros artículos periodísticos. Asimismo, a medida que avance en la lectura y el número de páginas vaya en aumento, no solo se sentirá identificado con el contenido, sino que sentirá orgullo por la enorme contribución que ha hecho toda la región de Latinoamérica en pos del establecimiento de la democracia y del fundamento del desarrollo socioeconómico de Corea del Sur. En definitiva, el objetivo primario de esta obra es dar a conocer al mundo la conexión espiritual que existe entre Corea del Sur y Latinoamérica. Por fin, ¡se puede decir que la ola coreana está escrita en un libro, pero analizada de manera seria con un trasfondo cultural y espiritual!

Al escribir estas líneas, me encuentro residiendo en América Latina. Tengo repartida mi vida mitad en Oriente y la otra mitad en Occidente. He visitado casi cada rincón de este continente con la intención de llevar un mensaje de transformación socioespiritual. De hecho, este libro ha sido escrito mientras estaba de viaje por Argentina, Bolivia, Brasil, Canadá, Colombia, Corea del Sur, Costa Rica, Chile, Ecuador, El Salvador, Estados Unidos, Guatemala, Panamá, Paraguay, y Perú, entre otros. El propósito capital de mis conferencias consiste en levantar una nueva generación de universitarios, profesionales, emprendedores, empresarios, intelectuales y políticos que estén comprometidos con el cambio cultural de sus países.

¿Podría ser el milagro del río Han un modelo digno de imitar en lo que respecta al desarrollo económico y progreso social?

¿Qué puede ofrecer Corea del Sur a Latinoamérica como el nuevo centro de la cultura global?

¿Qué significa para la región un fenómeno como la ola coreana como reflejo de lo que podría suceder en el futuro inmediato?

Estas son algunas de las preguntas que hago en mi intimidad. Y, después de haber ponderado miles y millones de veces, mi respuesta a modo de conclusión es que hay una mirada socioespiritual que no se debe ignorar.

Ariel Kim

PARTE 1

CAPÍTULO 01

Centro de la cultura global

K-culture

Corea del Sur es un país ubicado en el Noreste Asiático de apenas 100.210 Km^2 constituido por más de 51 millones de habitantes. Y, si bien hay generaciones que relacionan esta pequeña península con la extrema pobreza como consecuencia natural de la Segunda Guerra Mundial y hasta lo confunden con su par del Norte, lo cierto es que, para los *millennials*, Corea del Sur (o Surcorea, como prefieren llamar algunos) se ha vuelto en un destino turístico atractivo, ya que ofrece lo que promociona su eslogan: *Creative Korea*.

Actualmente, ver a grupos de extranjeros caminando por las calles del distrito de Gangnam siguiendo los pasos de *Psy*, probando comida callejera para subir contenidos de Mukbang a las redes sociales, comprando cosméticos del *K-beauty* en Myeongdong, visitando lugares emblemáticos donde se filmó una serie de *K-dramas* transmitidas por *Netflix*, o contando sus experiencias en el metro (o subte) al maravillarse con un shopping subterráneo como si fuera un mundo aparte, se ha vuelto un paisaje cotidiano.

No obstante, el factor más atrayente, sin lugar a dudas, son los conciertos de *K-pop*. BTS merece un reconocimiento aparte por su aporte publicitario, ya que reúne a millones que conforman el inconfundible *Army* alrededor del mundo, y es noticia permanente en los portales más importantes. RM, Jin, Suga, J-Hope, Jimin, V, Jungkook, ya no son considerados nombres difíciles de pronunciar, y los centros de estudio del coreano que se ofrece en las grandes ciudades a través de la Embajada de Corea del Sur en el extranjero no dan abasto ante la inmensa cantidad de jóvenes que demandan aprender el idioma.

El *K-culture* se ha ganado un lugar como producto de exportación. Lo que comenzó como una ola local en Asia con el nombre de *Hallyu* terminó convirtiéndose en un fenómeno mundial. Hoy Corea del Sur se ha posicionado como el nuevo centro de la cultura global, y todo lo que ofrece como contenido marca tendencia en las redes sociales y se pone de moda en cuestión de segundos.

Dynamic Korea

El preludio de *Creative Korea* fue *Dynamic Korea*, el cual empezó en el año 2002, fecha en que Corea organizó la decimoséptima edición de la Copa Mundial de Fútbol FIFA junto a Japón, y que perduró hasta el año 2016. Vale la pena señalar que este tipo de eventos internacionales marca un antes y un después en el rumbo de un país debido a su poder de convocatoria. Y, en el caso de Corea del Sur, los Juegos Olímpicos de Seúl 88 han sido bisagra, lo que lo terminó de instalar en la era del modernismo, ya que fue el momento en que cambió su imagen ante la mirada de todo el mundo, y pasó de ser de un país tercermundista a un país en vías de desarrollo.

De todos modos, Corea del Sur no dejaba de ser hasta ese entonces un país emergente, pues recién se estaba gestando su etapa de inserción en el mundo. Es decir, era objeto de análisis y de cierta admiración, pero sin prestigio.

Adentrados ya en pleno siglo XXI, líderes de opinión de calibre mundial empezaban a calificar con un tono optimista acerca de todo lo que acontecía en este pequeño país del Extremo Oriente.

Peter Drucker (1909-2005) sostuvo:

> "De todo lo que se escribió en la historia, nada se compara con el desarrollo económico que Corea del Sur ha logrado en 40 años después de la guerra".

Bill Gates llegó a decir:

> "Corea es un gran lugar para hablar del futuro porque ahí es donde surgen todas las novedades".

Un importante líder de una entidad financiera de los Estados Unidos manifestó:

> "En 2050, Corea será el segundo país más próspero del mundo".

El superconocido sociólogo y futurista Alvin Toffler (1928-2016) sentenció:

"Corea será el centro en el futuro inmediato".

Hasta ese momento, es decir, a comienzos del Nuevo Milenio, estas frases hacían eco en la sociedad surcoreana más como un elogio diplomático que como un análisis objetivo. Es decir, nadie imaginaba que, al cabo de pocos años, Corea del Sur iba a despertar como marca registrada un fanatismo tan impresionante en todos los rincones del planeta.

La idea de que el *Taekwondo* sería aprobado como deporte oficial por el comité de los Juegos Olímpicos a partir del año 2000, que *Parásitos* iba a ser galardonada con el *Globo de Oro* como mejor filme extranjero, y se convertiría en la primera película en ganar los *Oscar*, que un tal *Psy* iba a dejar un legado con su hit *Gangnam Style* como la canción más reproducida en la historia de *YouTube* con más de 4,4 mil millones de *views* en 10 años, que el idioma coreano iba a ser hablado en todo el orbe, y que la cultura coreana iba a ser objeto de elogio no estaba en los planes de nadie.

A pesar de todo pronóstico incierto, Corea del Sur se ha ubicado en el ranking *Top Ten* en, prácticamente, todos los rubros. Hoy las instituciones más prominentes, como es el caso de los distintos organismos internacionales, tienen sede en Seúl, y tienen en su agenda realizar eventos que reúnen a todos los líderes del globo. En pocas palabras, todo lo que acontece en este pequeño país del Noreste Asiático es noticia en todos los portales del mundo, lo cual marca su nivel de influencia a nivel global.

Potencia mundial

En tiempos recientes, Corea del Sur no solo se destaca por el *K-culture*, sino también por su condición de potencia a escala global. Por definición, para que un país sea considerado una potencia mundial, debe caracterizarse por el poderío en cuanto a cuatro aspectos: (1) político, (2) económico, (3) militar, y (4) cultural. Y Corea del Sur tiene acentadas estas cuatro características.

1) Aspecto político

En primer lugar, Corea del Sur se integró al mundo mediante su participación en la OCDE (Organización para la Cooperación y el Desarrollo Económicos) a partir de diciembre de 1996, luego de haber sido evaluado durante un período de cinco años por parte del organismo. A su vez, es miembro del G20 y un constante invitado de honor al denominado G7, integrados por Alemania, Canadá, Estados Unidos, Francia, Italia, Japón y Reino Unido, con lo cual demuestra su influencia en términos diplomáticos debido a su reconocimiento en materia de progreso político, económico y transparencia democrática.

Una muestra de ello es el pasaporte. Hoy día, el pasaporte de la República de Corea es considerado uno de los más poderosos del mundo, el cual permite el ingreso a 189 países sin visa.

2) Aspecto económico

En segundo lugar, Corea del Sur constituye la decimotercera economía del mundo según los datos oficiales de la ONU (Organización de las Naciones Unidas) que data del año 2023, y ocupa el sexto lugar en materia de exportación con una participación de un 3% promedio a nivel global, según un informe oficial de

KITA (Korea International Trade Association). El PBI per cápita (GDP: Gross Domestic Product) del 2022 ha sido de 32,422 dólares estadounidenses de acuerdo a los reportes del Banco Mundial, mientras que la RNB (Renta Nacional Bruta) per cápita (GNI: Gross National Income) ha sido de 36,194 dólares en 2023, posicionándose como el sexto país más próspero en el grupo de naciones que superan los 50 millones de habitantes, con lo cual ha dejado atrás incluso a Japón y Taiwán.

Firmas reconocidas como Samsung, LG, Hyundai, Kia, SK, Hanhwa, CJ, Doosan, son "Made in Korea". Adicionalmente, el país es pionero en rubros de vanguardia como Internet de las Cosas (IoT) y Movilidad Aérea Urbana (UAM). Asimismo, en lo que va del año 2023, es reconocido por ser el número 1 en fabricación de *smartphones*, número 2 en semiconductores, productos petroquímicos, biosalud, e industria naval, número 5 en fabricación de automóviles, número 6 en industria metalúrgica, número 7 en Inteligencia Artificial (AI) e industria acuícola, entre otros récords.

3) Aspecto militar

En tercer lugar, según el índice de GFP (Global Firepower) de 2024, el cual define la competitividad de las Fuerzas Armadas de un país sobre la base de la cantidad de población, militares, equipamiento, presupuesto, entre otros factores, Corea del Sur ocupa el puesto número 5 a nivel mundial, lo cual representa unos 62.000 millones de dólares de presupuesto anual.

Este dato es interesante, ya que su par del Norte queda relegado en el puesto número 36, aun cuando destina el 26,4% del PBI de acuerdo a un informe de WMEAT (World Military Expenditures and Arms Transfers) del año 2019.

Actualmente, Corea del sur no solo se ha ganado un lugar de prestigio como potencia militar, sino que se ha posicionado como un claro exportador de armamento con una participación de 2,9% en el mercado mundial, y cuenta con una industria que desarrolla de forma independiente aviones de combate supersónicos de avanzada, gazas, tanques, y lanzamisiles, entre otros equipamientos.

Asimismo, estos indicadores no solo garantizan la seguridad nacional más allá de la frontera, sino que repercuten también en la vida del ciudadano de a pie, pues Corea del Sur es considerado como uno de los países más seguros del mundo, incluso desde el punto de vista turístico. La Policía cuenta con una red de monitoreo de CCTV (Circuito cerrado de televisión) en prácticamente todas las esquinas a lo largo y a lo ancho del territorio nacional, lo cual reduce la tasa de criminalidad, que incluyen robos y/o hurtos. Hoy día, un caso de este tipo de delitos se resuelve en cuestión de horas.

4) Aspecto cultural

En cuarto lugar, el *K-culture* despierta un fanatismo peculiar en todos los rincones del planeta. El *K-pop* se ha consolidado como un género de música aparte. Es por eso que no es una rareza que un millar de televidentes en América Latina cuenten en una charla de café acerca de los *K-dramas* como *Aterrizaje de emergencia en tu corazón, El juego del Calamar* y, otras series de ese estilo.

Asimismo, Incheon (ICN) fue seleccionado como el cuarto mejor aeropuerto del mundo con una puntuación de 5 estrellas por su infraestructura, confort, limpieza, shopping, puestos de comida, servicio y seguridad, según un informe de Skytrax en 2023. Tanto es así que el Gobierno ha trazado un plan de recibir a 30 millones de turistas del extranjero desde 2023 hasta 2027, lo cual representa un mercado emergente de más de 30.000 millones de dólares estadounidenses.

Todos estos indicadores han hecho que, a partir del año 2021, la UNCTAD (United Nations Conference on Trade and Development) eleve el estatus de Corea del Sur como integrante del Primer Mundo. En síntesis, el planeta entero está en presencia de un fenómeno global que sigue batiendo todo tipo de récords.

El milagro del río Han

Lo sorprendente de la historia de Corea del Sur es su extraordinario progreso en términos de tiempo. ¿Cómo se logró reconstruir un país en tan solo 30 años tras una guerra que lo había dejado en ruinas? ¿Cómo se explica que en tan poco tiempo el país más pobre del mundo hasta hace 70 años hoy sea admirado en todo el planeta como un país civilizado, próspero, y que goza de los más altos estándares de vida?

En 1988, conmemorando los Juegos Olímpicos, la prestigiosa revista *National Geographic* publicaba una edición en la cual la tapa era nada menos que un par de fotos de la ciudad de Seúl dividida en dos mediante una línea horizontal. En la parte superior se observaba la imagen de la ciudad del año 1950, y en la parte inferior, una imagen actual. Quizás esta foto haya sido el instrumento mayúsculo por el cual el mundo conoció el increíble avance que hubo en tan solo 38 años.

Es decir, 3 y 8 años antes de que el FMI (Fondo Monetario Internacional), (1991) y el Banco Mundial (1996) incluyeran respectivamente a la República de Corea en la lista de los países del Primer Mundo, ya se estaban empezando a ver ciertos destellos de un significativo desarrollo económico y progreso social sin precedentes. Lo que nadie imaginaba era que esa promesa iba a llegar tan lejos, con lo cual se podría decir que la ola coreana *(Korean Wave)* es un suceso inédito en la historia posmoderna.

Es por eso que, cuando se habla de Corea del Sur, aun los eruditos no pueden dejar de recurrir a un término que parece no adaptarse al ámbito académico, y esa palabra es "milagro". El Premio Nobel, Robert Lucas (1937-2023) fue uno de ellos al titular *Making a Miracle*, una tesis que trata la temática de la expansión económica de Corea del Sur en los años sesenta, setenta y ochenta. Thomas Sargent, otro premio nobel, opinó: "La economía de Corea del Sur en sí es un milagro". Es decir, no son pocos los economistas y sociólogos que, al analizar el fenómeno de Corea, arribaron a la conclusión de que se trataba de un milagro que denominaron: "el milagro del río Han".

Dicha terminología hace alusión a un factor que va más allá del entendimiento humano, escapa a lo que denominamos sentido común, y se encuentra por fuera de la lógica y leyes regulares de la naturaleza, y da cabida a la existencia de un mundo espiritual que rige por encima de esta realidad, y esto es justamente lo que propone explicar este libro.

Un día de agosto de 1955, en el marco de UNKRA (United Nations Korean Reconstruction Agency), Vengalil Krishnan Krishna Menon (1897-1974), un político y diplomático, miembro del Parlamento de India, manifestó lo siguiente tras haber recorrido una semana el país:

> "Esperar un progreso económico de Corea es como esperar que las rosas florezcan en un basurero".

Más que una subestimación, se trataba de la descripción de una cruel realidad en un contexto de posguerra.

En realidad, el diplomático de *Bharat* estaba refrescando su memoria, pues tan solo tres años atrás un periodista de la revista *Time* había sentenciado: "Esperar que la democracia dé frutos en Corea es como esperar que una rosa florezca en un basurero" *(Expecting democracy to bloom in Korea was like expecting a rose to bloom in a trash can),* en el marco de una reforma de la Constitución Nacional que terminó favoreciendo la reelección de Rhee Syngman (1875-1965), primer presidente de la historia moderna de la República de Corea, quien cumplió tres mandatos consecutivos (1948-1960). Esta frase, simplemente, describía lo desesperanzadora que era la crisis sociopolítica, la cual se hizo eco en todo el mundo.

Lo increíble de esta historia es que todavía quedan varios capítulos más, pues aún se está escribiendo. Hace no mucho tiempo, estuve de visita en mi país con unos empresarios allegados latinoamericanos con el propósito de brindar unas conferencias y extender vínculos comerciales. En la primera jornada laboral, uno del grupo, CEO y fundador de una de las empresas de telecomunicaciones más importantes de Argentina, me dijo: "¿Sabía usted que Corea es el país con mayor teledensidad de fibra óptica en el mundo?".

Le pregunté qué implicaba eso para el ciudadano común, y me respondió con lujo de detalles: "Este país dispone de una infraestructura que cubre prácticamente el 100% de los hogares, lo cual redunda en un acceso a internet de muy alta velocidad, con el consecuente desarrollo social y económico que produce dicha conectividad. A su vez, ustedes fabrican toda la tecnología para la construcción de redes de fibra óptica, con lo cual toda la industria se abastece de su propia producción y permite estar siempre a la vanguardia en tecnología".

Esta información me dejó boquiabierto, pues estaba convencido de que era un experto en todo lo que tiene que ver con mi país, y se trataba de un suceso que estaba aconteciendo sin el conocimiento público. Corea es tan dinámica que las cosas suceden en un abrir y cerrar de ojos, a tal grado que, según Bloomberg Innovation Index (2021), Corea es número 1 en innovación.

Con esto quiero decir que hay muchas más novedades que están sucediendo en este mismo instante en materia de robótica, telecomunicaciones, Inteligencia Artificial (AI) y automoción. Indudablemente, Corea es uno de los centros del globo en donde emergen cosas de lo último en un gran abanico de rubros.

Para ser sintético, a contramano de todos los pronósticos, Corea del Sur o Surcorea, como algunos prefieren nombrarla, se ha posicionado como una potencia de escala global y un país del Primer Mundo.

Si esto no es un milagro, ¿este dónde está? Y, si esto es un milagro, ¿cómo se explica en términos de la lógica humana?

CAPÍTULO 02

El paralelo 38

5000 años de historia

1) Ko Chosun

Así como la gran mayoría de los países de tradiciones milenarias, Corea nace a partir de un mito. Sobre la base de los escritos de *Samgukyusa* (Korean Folktales from the Three Ancient Kingdoms), Hwan Ung era el hijo del dios del cielo y de la tierra, y tenía el anhelo de descender de los lugares celestiales para habitar entre los hombres. Un día se encontró en los alrededores de la montaña de Baekdu con un tigre y un oso, quienes manifestaron su deseo de convertirse en seres humanos, a lo que Hwan Ung los desafió a que, si permanecían en una cueva sin ver el sol alimentándose solo con hierbas y ajos durante 100 días, les iba a conceder su petición.

Finalmente, el tigre no toleró la situación y salió de la cueva pocos días después. Pero el oso persistió, y luego de 100 días se convirtió en una mujer. Hwan Ung, quien valoró su perseverancia, terminó contrayendo matrimonio con esta joven, y de esa relación, nació Dangun, quien fundó el reino de Ko Chosun (o Gojoseon) en 2333 a. C.

En realidad, el nombre formal es "Chosun", pero, como veremos más adelante, se añadió el prefijo *Ko*, el cual significa "pre" en español, para diferenciar de la dinastía Chosun del siglo XIV.

2) Los tres reinos

Ya en el primer siglo después de Cristo, las fronteras se expandieron geográficamente con Koguryeo (o Goguryeo) hacia el Norte más allá de Manchuria, con Baekje asentándose en el sector Sudoeste, y Shilla (o Silla) dominando el sector Sudeste, con el río Han como centro de influencia, lo que dio inicio de esta forma al período de los tres reinos.

Durante este lapso, se adoptó un tipo de gobierno aristocrático y el budismo fue promulgado como la religión oficial. Para ese entonces, las clases sociales estaban bien marcadas: los nobles, la gente común y los esclavos.

3) Shilla y Balhae

Con el paso del tiempo, Shilla fue el que terminó de prevalecer y logró la unificación nacional en el año 676 d. C. En este período, el poder de la familia real fue acentuándose, mientras que el de los aristócratas fue disminuyendo.

No obstante, un nuevo reino había surgido ante la caída de Koguryeo, y nacía en Manchuria Balhae a partir de un movimiento de restauración con una fuerte injerencia cultural por parte de China. Fue así como el Norte de la península fue gobernado por Balhae, y el Sur, por Shilla.

4) Koryeo

Tras la caída de Shilla, surgió Koryeo (o Goryeo) en un intento de reunificación nacional en 918 d. C. Fue en este tramo de la historia cuando la península se adhirió a las ideas del confucianismo, y los aristócratas recuperaron un poderío social hegemónico.

El comercio exterior siempre ha sido un atributo histórico de los coreanos. Sin embargo, se cree que fue en este período cuando el intercambio comercial tuvo su auge. Tanto es así que los árabes traían mercurio, especias y corales, mientras que los coreanos exportaban oro y seda. Y, a partir de esas visitas, Koryeo se dio a conocer como "Corea" en Occidente. Dicho de otro modo, "Corea" viene a ser una pronunciación fiel al estilo árabe con respecto al antiguo Koryeo. Este es un dato de color, ya que Corea se autodenomina "Hanguk" actualmente, o "Daehanminguk" si uno opta un modo más formal.

5) Chosun

En 1392 d. C. emergió Chosun (o Joseon) como una nueva dinastía, y fue en este lapso cuando Hanyang (Seúl actualmente) se convirtió en la capital del nuevo reino, y toda la península fue dividida en ocho provincias en términos administrativos, así como también se creó el idioma coreano conocido como *Hangul*.

Resulta que, hasta ese entonces, se hablaba el idioma coreano pero se escribía en chino clásico, el cual estaba reservado solo para la nobleza, y el Rey Sejong el Grande, quien había anticipado el 27 de abril de 1416: "Si el pueblo no sabe leer, ¿cómo lograremos distribuir libros para generar un buen corazón en cada uno de ellos?", creó un nuevo alfabeto soberano e independiente en 1443 d. C. el cual está compuesto por 14 consonantes y 10 vocales simples, sobre los cuales se añaden 5 consonantes y 11 vocales dobles, con el objetivo de que todo el pueblo tenga acceso a la educación, y pueda leer y escribir. Esto redujo drásticamente el nivel de analfabetismo a tal punto que aún hoy día se mantiene por debajo del 4,5%, según un informe del Ministry of Education que data del 2021.

6) Invasión japonesa

En 1897, hubo un intento de resguardar el reino bajo el nombre del Imperio Daehan, pero pasó sin pena ni gloria debido a disturbios locales y a presiones extranjeras. Los japoneses quisieron dominar toda la península coreana enfrentando nada menos que a la ex Unión Soviética en 1904. De esta manera, la península coreana, así como muchas regiones de Asia, al igual que una porción de China, Taiwán, y los archipiélagos del Pacífico, entre otros, se convirtió en colonia del Imperio japonés a partir de 1910.

Durante la invasión japonesa, los *nipones* adoptaron una política de saqueo. De este modo, se llevaron materias primas, más toda la industria nacional y mano de obra calificada. Un par de políticas atroces del Imperio que todavía despierta la desaprobación en casi toda la población surcoreana ha sido, por un lado, el intento de exterminar el idioma coreano con el objetivo de asentar en Chosun una asimilación absoluta de la cultura japonesa y, por otro, someter a las mujeres a la esclavitud sexual contra su voluntad, quienes han sufrido todo tipo de vejaciones durante ese período, lo cual se ha dado a conocer en el mundo como "mujeres de confort".

Como si esto fuera poco, localizaciones geográficas como el "Mar de Japón" en el Mapamundi también despiertan un descontento popular aun en el día de hoy al tratarse de un producto del imperialismo japonés, que caducó hace ya casi un siglo, pues la historia da testimonio de que durante miles de años, siempre se ha denominado como "East Sea", es decir, "Mar del Este". Asimismo, las islas Dokdo son coreanas por geografía, historia, y derecho propio, habitadas por coreanos. En 1696, el Gobierno de Japón prohibió a su pueblo la navegación a las islas reconociendo la soberanía coreana de dicho territorio.

7) La República de Corea

Finalmente, el 15 de agosto del año 1945, Corea recuperó la independencia tras 35 años de ocupación japonesa. No obstante, los Estados Unidos y la ex Unión Soviética dividieron la península en Norte y Sur mediante el emblemático paralelo 38 bajo la excusa de que debían desarmar a las Fuerzas Armadas de Japón.

Si bien el preámbulo de la Constitución Nacional establece que la República de Corea hereda el espíritu del Gobierno Provisional sobre la base del Movimiento de la Independencia del 1 de marzo de 1919, no fue reconocido como tal por la comunidad internacional hasta 1948. De este modo, por un lado, se estableció la República de Corea, un país libre y capitalista, con el apoyo de la ONU (Organización de las Naciones Unidas), el 15 de agosto de 1948, en el sur y, por el otro, la República Popular Democrática de Corea, en el Norte, el 9 de septiembre de 1948, un país que adoptó el comunismo fiel al estilo marxista-leninista bajo la supervisión de la ex Unión Soviética. Y esto es lo que se conoce en la historia moderna como "Corea del Sur" y "Corea del Norte".

La guerra de Corea

La división en Norte y Sur llevó a toda la península a un estado de extrema tensión. A las 4 de la madrugada del domingo 25 de junio del año 1950, Kim Il Sung (1921-1994), apodado tiempo más tarde como "el Gran Líder" o "el Presidente Eterno", decidió invadir el Sur después de varias charlas con Stalin (1878-1953), quien no estuvo de acuerdo en un principio para evitar un nuevo conflicto bélico con los Estados Unidos.

Según había prometido el dictador Kim a su par soviético, Seúl sería conquistado en 36 h, y la guerra se acabaría en cuestión de 50 días como máximo. Tenía suficientes argumentos para creer en ello, pues Estados Unidos había tomado la decisión de retirar a sus tropas tras la declaración de la línea Acheson el 12 de enero de 1950, y la península coreana estaba excluida de esa línea.

El siguiente cuadro comparativo que da a conocer el War Memorial of Korea es sencillamente espeluznante, pues se trataba de un enfrentamiento que anticipaba un claro ganador.

	Buques	**Aviones**	**Lanzador de minas**	**Obuses**	**Tanques**	**Tropas**
Norte	110	226	1728	552	242	198.380
Sur	71	22	960	91	0	105.752

Estos datos nos llevan a formular una pregunta simple pero concreta:

¿Quién provocó la guerra?
¿A quién beneficiaba este conflicto bélico?
¿Cuál era el fin de esta invasión ilegal?

La guerra respondía a una simple ambición por parte del dictador norcoreano, que deseaba convertir la península en un país comunista e implementar la idea del pensamiento único conocido como *Juche*. A decir verdad, estaban dadas todas las condiciones para que Corea del Norte terminara prevaleciendo al final del día.

Tal como estaba pronosticado, los comunistas invadieron la ciudad de Seúl, y el ejército del Sur, luego de haber destruido el único puente que unía el distrito Norte del Sur de la ciudad, terminaron refugiándose por detrás del delta de Nakdong en la parte Sureste de la península junto a los ciudadanos. Todo indicaba que Corea del Sur iba a desaparecer del mapa en cuestión de días.

Fue en ese tiempo en que los Estados Unidos del presidente Harry Truman (1884-1972) enviaron a sus tropas compuestas por 16 naciones con el apoyo de la ONU (Organización de las Naciones Unidas). Estos países son, de acuerdo a los registros del Ministry of National Defense, y según el orden de cantidad de tropas enviadas de mayor a menor. Adicionalmente, Dinamarca, India, Noruega, Suecia, e Italia por su parte, enviaron personal y material médico.

Países de la ONU	**Cantidad de tropas o de personal médico**
Estados Unidos	1.789.000
Reino Unido	56.000
Canadá	25.687
Türkiye	14.936
Australia	8407
Filipinas	7420
Tailandia	6326
Países Bajos	5322
Colombia	5100

Países de la ONU	Cantidad de tropas o de personal médico
Grecia	4992
Nueva Zelanda	3794
Etiopía	3518
Bélgica	3498
Francia	3421
Sudáfrica	826
Luxemburgo	83
Dinamarca	630
India	627
Noruega	623
Suecia	160
Italia	128

Esta decisión se efectivizó mediante una resolución en la que 7 países (Cuba, China, Ecuador, Estados Unidos, Francia, Noruega, Reino Unido) habían votado a favor, Yugoslavia había votado en contra, Egipto e India por su parte se abstuvieron, y la ex Unión Soviética se había ausentado.

A continuación, dejo una copia de lo que contiene la resolución 83, firmada el 27 de junio del año 1950, la cual se encuentra a disposición en la biblioteca digital de las Naciones Unidas.

"El Consejo de Seguridad,

Habiendo decidido que el ataque armado dirigido contra la República de Corea por fuerzas de Corea del Norte constituye un quebrantamiento de la paz,

Habiendo pedido la inmediata cesación de las hostilidades,

> *Habiendo invitado* a las autoridades de Corea del Norte a retirar inmediatamente sus fuerzas armadas al paralelo 38,
>
> *Habiendo advertido* por el informe de la Comisión de las Naciones Unidas para Corea que las autoridades de Corea del Norte no han cesado las hostilidades ni han retirado sus fuerzas armadas al paralelo 38, y que es preciso adoptar con urgencia medidas militares para restablecer la paz y la seguridad internacionales,
>
> *Habiendo tomado nota* del llamamiento dirigido por la República de Corea a las Naciones Unidas pidiendo que se adopten inmediatamente medidas eficaces para garantizar la paz y la seguridad,
>
> *Recomienda* a los Miembros de las Naciones Unidas que proporcionen a la República de Corea la ayuda que pueda ser necesaria para repeler el ataque armado y restablecer la paz y la seguridad internacionales en la región."

Esta resolución permitió recuperar la ciudad de Seúl a través de la Batalla de Incheon (también conocida como *Operation Chromite*) a partir del 15 de septiembre de 1950, liderada por el general Douglas McArthur (1880-1964). No obstante, cuando las cosas parecían enderezarse hacia un sendero luminoso y asfaltado, la China de Mao Zedong (1893-1976) se sumó a la guerra para apoyar a Corea del Norte enviando a más de 300.000 miembros de la infantería.

Lo que iba a ser una batalla de unos días, terminó convirtiéndose en un conflicto bélico de escalas mayores que duró 3 años, 1 mes y 2 días, hasta que se firmó un acuerdo de armisticio el día 27 de julio del año 1953 en Panmunjom, que decía así:

> "Artículo 1: Línea de demarcación militar y zona desmilitarizada. 1. Se fijará una línea de demarcación militar y ambos bandos se retirarán hasta una distancia de dos (2) kilómetros de esta línea, de modo que se establezca una zona desmilitarizada entre las fuerzas opuestas. Se establecerá una zona desmilitarizada como "zona tapón", para impedir que ocurran incidentes que puedan producir la reanudación de las hostilidades."

Y se conformaba una Comisión de Naciones Neutrales para la Vigilancia del Cumplimiento del Armisticio, por un lado, Suiza y Suecia en representación del Comando de las Naciones Unidas, y por otro, Checoslovaquia y Polonia en representación del Ejército Popular de Corea. Por esta razón, cuando se dice que las dos Coreas están técnicamente en guerra aún hoy día, es correcto, pues la península coreana sigue siendo el lugar del primer conflicto armado de la Guerra Fría.

La guerra de Corea dejó a ambos países devastados. Los datos que arroja la ONU (Organización de las Naciones Unidas) son simplemente escalofriantes. En cuanto a soldados, murieron 178.899, se lesionaron 555.022, y desaparecieron 42.769 personas. En cuanto a civiles, murieron 373.599, quedaron lesionados 229.625, y desaparecieron 387.744 personas.

	Muertos	**Lesionados**	**Desaparecidos**	**Total**
Militares de Corea del Sur	137.899	450.742	32.838	621.479
Militares de ONU	40.670	104.280	9931	154.881
Civiles	373.599	229.625	387.744	990.968

	Muertos	Lesionados	Desaparecidos	Total
Total	552.168	784.647	430.513	

Como si esto fuera poco, se destruyeron 542 edificios públicos, 33.015 escuelas, 5236 iglesias, 940 hospitales, y al menos 514.000 viviendas particulares en un lapso de 1127 días.

No obstante, y a pesar de que no se tiene estadísticas fehacientes, se presume que en Corea del Norte, a su vez murieron y sufrieron lesiones al menos 1.646.000 soldados, y desaparecieron 127.600. Y, teniendo en cuenta el número de civiles, se sumaría como mínimo a 1.500.000 personas más. Según el dato que arroja el War Memorial of Korea, la guerra dejó un saldo de 3.200.000 refugiados, 300.000 viudas, y 100.000 huérfanos.

En síntesis, el país entero se había convertido en una especie de asentamiento precario en donde ninguna institución funcionaba normalmente. Además, la inesperada separación de muchas familias a causa de la guerra hizo que el caos y la desesperanza se adueñaran del corazón de todo un pueblo.

No siempre fue así

Corea del Sur hoy goza de un lugar de privilegio a nivel global, ya que representa la decimotercera economía del mundo, y se ha ganado el prestigio como potencia mundial e integrante del Primer Mundo en tan solo siete décadas. Pero un poco de historia viene bien en esta instancia. La estabilización de la economía a nivel nacional se gestó recién a partir del año 1960, pues en la década del cincuenta el enfoque estaba en la reconstrucción de un país en ruinas.

Cuando se dice que Corea del Sur era el país más pobre del mundo hasta hace seis décadas, doy fe de que se trata de una información chequeada puesto que, conforme a los datos del Banco Mundial, el PNB (Producto Nacional Bruto) per cápita (GNP: Gross National Product) de Corea del Sur era de apenas 110 dólares estadounidenses en 1962, lo cual estaba muy por debajo de los países más pobres del mundo como Ghana ($190) o Gabón ($350).

En pocas palabras, nacer en Corea era sinónimo de pobreza. Un aspecto muy interesante en términos lingüísticos es lo recurrente que resulta el verbo "comer" para el coreano, pues dice con frecuencia que "come un año", refiriéndose a su cumpleaños, que "come el campeonato", cuando sale campeón, que "come el corazón" al tomar una determinación importante, que "come dinero", cuando le ingresan algunos billetes, que "come miedo" para decir que experimenta una sensación de terror, ¡y hasta "come malas palabras" cuando es insultado!

En Corea del Sur, un saludo como "Buenos días" es reemplazado a menudo por "¿Ha comido?", ya que, en un contexto de posguerra, comer una vez al día era considerado un lujo. También resulta curioso que la familia, es decir *siggu* en idioma coreano, se refiere a un grupo de personas que se reúnen en torno a la comida. En pocas palabras, en una situación de extrema pobreza, la acción de comer representaba un inalcanzable bienestar social.

Según los datos oficiales de Bank of Korea, en 1953, el PBI per cápita (GDP: Gross Domestic Product) era de apenas 67 dólares. Y, en 1955 había un empate técnico entre ambos países. Pero, ya para el año 1961, con un PBI de 93 dólares por parte de los surcoreanos, Corea del Norte superaba ampliamente a su par del Sur en términos de calidad de vida.

Esta situación se revirtió recién en el año 1974 (aunque algunas investigaciones más recientes sostienen que fue a mediados de 1960), cuando ambas naciones compartían un ingreso per cápita de 500 dólares aproximadamente, pero a partir de entonces la brecha se magnificó a favor de Corea del Sur.

Tanto es así que en 1977 el PBI per cápita alcanzó los 1000 dólares, y en 1988, se incrementó a casi 5000 dólares, para luego en 1994, superar la barrera de los 10.000, en 2006, la de los 20.000, hasta llegar a más de 32.000 dólares actuales a partir de 2018 según el Banco Mundial mientras, que paralelamente, Corea del Norte ha quedado relegado en apenas 1107 dólares (2022).

Aquí es menester aclarar que los datos relacionados con la economía de Corea del Norte son estimaciones y, dependiendo de la fuente, puede haber diferencias de mayor o menor grado. Pero, en este caso, se ha preferido hacer uso de los datos que arroja Bank of Korea.

Año	PBI per cápita Surcorea	PBI per cápita Norcorea
1953	us$ 67	us$ 53
1961	us$ 93	us$ 137
1962	us$ 110	
1974	us$ 563	us$ 461
1977	us$ 1047	
1988	us$ 4748	
1994	us$ 10.385	us$ 992
2006	us$ 21.743	us$ 1108
2018	us$ 31.349	us$ 1298
2022	us$ 32.661	us$ 1107

Este cuadro explica con lujo de detalles por qué la República de Corea ha sido considerada tradicionalmente como un país subdesarrollado, tercermundista y relegado del mundo. Esto se debe a que hubo una guerra que la dejó fuera de toda competencia.

Un día de otoño de 1989 estaba de paseo en una feria de libros usados en la ciudad de Buenos Aires. De pronto, tomé una enciclopedia publicada en la década del 50, y atiné a buscar *Japón*. El diccionario tenía dos columnas bipartitas en cada página, y dicho país ocupaba casi la totalidad de la página.

Casi automáticamente, intuí por dentro lo que iba a suceder segundos después. Enseguida busqué *Corea*. Sinceramente, me quedé atónito por la definición que ofrecía acerca de mi país de procedencia. Decía literalmente:

> "Un país pequeño del Extremo Oriente que se encuentra ubicada al lado de Japón".

¡Vaya! ¡Qué definición! No fue un día feliz para mí, pero tomé conciencia acerca de la manera en que nos veían desde afuera como país.

Actualmente, me encuentro en algún punto de América Latina disertando ante universitarios, profesionales, emprendedores, empresarios, intelectuales, y políticos acerca del tema de la transformación socioespiritual. Y mi mensaje a la juventud que desconoce la historia de mi nación es que no siempre fue así.

En la historia moderna, hay una lista de países que pasaron de una situación de extrema pobreza a la de una prosperidad notoria. Entre estos, se encuentran algunos países europeos como Luxemburgo, una pequeña región sin salida al mar que dependía casi exclusivamente de la agricultura, pero donde el acero ha sido el puntapié inicial del desarrollo a comienzos y mediados del siglo XX, para luego, a través de la gestión de fondos de inversión a partir de 1960, posicionarse como el país con el PBI per cápita más alto del mundo según el Banco Mundial ($125.558 en 2022), o Irlanda, otro país agricultor, pero que a través de la industrialización a fines de 1950 y de la tecnología a partir de 1990, se ganó un lugar de privilegio como tercer puesto en el ranking del PBI a nivel global, o Suiza, otro país que generó riqueza sobre la base de la industria financiera, turística, farmacéutica, y relojera, entre otros, y se consolidó como uno de los países modelos a seguir, o Noruega, otro europeo que tradicionalmente ha estado en la periferia en términos económicos, pero donde, a partir de la década del setenta, el descubrimiento del petróleo marcó un antes y un después en la historia de este país nórdico, sobre el cual la socialdemocracia logró asentar sus bases.

Después le siguen algunos países asiáticos como Singapur, una ciudad-estado que estuvo en constante conflicto social con Malasia, pero todo empezó a cambiar paulatinamente cuando el Primer Ministro Lee Kuan Yew (1923-2015) adoptó medidas innovadoras, como hacer del inglés el idioma oficial, atraer inversión extranjera y dar luz verde al libre mercado, o Brunéi, otro de los países más pobres del Sudeste Asiático, pero que, a través del descubrimiento del petróleo y de gas natural, marcó un progreso socioeconómico sin precedentes a partir de la década del cincuenta y del sesenta. En sintonía con esto, están los países del Medio Oriente como Catar y Arabia Saudita que, a partir de la década del cincuenta y del sesenta, se ubicaron en un nivel superlativo en términos de comercio exterior a través de la exportación del petróleo crudo y gas natural licuado.

Asimismo, más cercano a Latinoamérica, se halla el ejemplo de España, un país que había quedado comprometido por la guerra civil que tuvo lugar entre los años 1936 y 1939, pero que, mediante una serie de medidas políticas como el libre mercado, hizo que, en la década del sesenta y del setenta, se convirtiera en uno de los países con mayor ritmo de crecimiento del mundo junto con Japón.

Sin embargo (y atención con esto), el fenómeno de Corea del Sur es un tanto diferente dado que, a pesar del intento de unificarlo como uno de los cuatro tigres asiáticos junto a Hong Kong, Singapur y Taiwán, una observación personal es que este caso debe ser analizado de forma independiente, ya que su desarrollo no se dio a expensas de recursos naturales ni de inversión de capital extranjero como en otros casos, sino que tuvo su origen en un trasfondo espiritual.

En síntesis, fue un proceso de transformación socioespiritual que empezó cabalmente en 1970 a través de un movimiento social llamado Saemaul, impulsado por el presidente Park, el cual llevó décadas de trabajo mancomunado y esfuerzo descomunal.

En la actualidad, el paralelo 38 divide las dos Coreas. Corea del Sur es un país libre y capitalista, democrático liberal en su forma de gobierno, y próspero, que goza de libertad de prensa y de culto, y tiene conexión con el mundo.

Por el contrario, Corea del Norte, gobernado por un régimen totalitario, es considerado como el país más hermético del mundo, en donde rige un pensamiento único y, según la mirada de Amnistía Internacional, existen férreas restricciones que se traducen en la falta de libertad de circulación y del derecho a la información, y se violan constantemente los derechos humanos mediante trabajos forzosos en campos penitenciarios.

Ver una foto satelital de noche para ver lo iluminado que está el Sur y lo oscuro que se mantiene el Norte marca un claro contraste del desarrollo por parte de un país libre, capitalista y democrático, y el declive de su par comunista, en donde el ciudadano común no tiene acceso a internet ni puede viajar libremente al extranjero. Visualizar esa imagen es una experiencia sencillamente impactante, espeluznante y abrumadora que deja sin palabras a más de uno.

Entonces, en virtud de lo que se ha repasado, lo natural sería que nos interroguemos como ciudadanos del mundo que respetamos las ideas de la libertad, la justicia, la paz, y el bien común:

¿Qué hay detrás del desarrollo económico y progreso social de Corea del Sur?

¿Qué se podría rescatar del milagro del río Han que sea aplicable en otras naciones?

¿Cuál es el mensaje esperanzador que nos brinda este país del Noreste Asiático, al que el mundo debería inclinar sus oídos?

PARTE 2

CAPÍTULO 03

El movimiento Saemaul

Conclusión: no se sabe

Muchos son los eruditos provenientes de las más destacadas universidades del mundo que han analizado a fondo el tema del desarrollo económico y progreso social de Corea del Sur de estas últimas décadas. Por lo general, estos estudios se titulan "el milagro del río Han", que justamente es el que atraviesa toda la ciudad de Seúl de forma horizontal y divide en Norte y Sur, y de ahí surge el nombre del distrito de Gangnam que significa "Sur del río".

Lo curioso es que el denominador común de estos archivos académicos consiste en que no se puede definir con precisión cuál ha sido el factor principal que ha impulsado el desarrollo socioeconómico de este país asiático. Por cuestiones que tienen que ver con lo estrictamente académico, no sería correcto atribuir un fenómeno social a una sola causa, ya que, por lo general, existe una multiplicidad de factores. No obstante, leer cientos de páginas con esmero para que alguien escriba que "no se sabe" en la parte de la conclusión no es una experiencia agradable, pues deja al lector con una sensación de desazón, indignación y frustración.

De cualquier modo, en ese océano de diversos factores, no son pocos quienes atribuyen este progreso socioeconómico a los *chaebol*, es decir, los conglomerados económicos que fueron formándose en torno a un líder carismático como Chung Ju Yung (1915-2001), fundador de Hyundai, o Lee Byung Chul (1910-1987), fundador del grupo Samsung, entre otros.

Hasta cierto punto, se puede decir que es parcialmente verdad que estos grupos han cumplido un rol fundamental en materia económica a tal punto que hoy día Samsung produce casi el equivalente al 20% del PBI. Y, si se tienen en cuenta las ocho corporaciones principales, esta cifra asciende en torno al 60% de acuerdo a los informes de distintos periódicos nacionales.

De todos modos, es preciso reconocer que los *chaebol* no siempre fueron los que hoy son, y se precisó insertar una fuerte ética de honestidad y transparencia debido a los continuos escándalos de corrupción como tráfico de influencias, sobornos, contrabando, y evasión fiscal, que involucraban a estas empresas, con el fin de trabajar de par en par en la agenda política y económica nacional.

Por otro lado, hay quienes lo atribuyen a la educación, como es el caso de Ban Ki Moon, ex secretario general de la ONU (Organización de las Naciones Unidas). Pero, más allá del "No se sabe", lo cierto es que la gran mayoría de los investigadores se inclinan por el movimiento Saemaul (y no tanto por los *chaebol*), cuyo significado es "Nuevo Pueblo" *(New Village Movement)*, aunque algunos lo traducen como "Nueva Vida" *(New Life Movement)*, el cual se ha iniciado en 1970 durante el segundo mandato del Gobierno del presidente Park Chung Hee (1917-1979), y es considerado como el principal motor que ha impulsado el desarrollo económico y progreso social de Corea del Sur.

Origen del movimiento

Como se ha mencionado en el capítulo anterior, hasta el año 1974, el PBI per cápita de Corea del Sur era similar al de su par del Norte. Esto significa que el movimiento Saemaul vino a irrumpir la agenda nacional para iniciar un proceso de transformación que se traduzca en un progreso socioeconómico, y, en efecto, ha marcado un antes y un después en la historia moderna de la República de Corea.

El vocablo "pueblo" tiene un significado mayúsculo, pues Saemaul era nada menos que un movimiento de carácter socioeconómico y cultural que promovía la integración y modernización de las regiones rurales. Es decir, a comienzos de la década del setenta, Corea era un país que dependía casi exclusivamente del sector agrícola, pero carente de infraestructura.

Cuenta la historia que, un día del año 1969, el presidente Park hizo detener el tren en un pueblo humilde llamado "Sindori", en el distrito de Cheongdo, provincia de Gyeongsangbukdo, pues un fuerte temporal había afectado a todo el país. Lo que conmovió profundamente el corazón del presidente de la nación fue que hombres, mujeres, y niños estaban sacando el lodo de sus casas y calles sin la dirección de un líder. Cabe destacar que Sindori hoy pasó a denominarse "Saemaul" en honor al movimiento, y se levantó allí un museo memorial.

A partir de ese momento, se puso en marcha el movimiento Saemaul el día 22 de abril del año 1970 bajo el lema "Se puede vivir bien" *(Let's live well)*, el cual viene a ser un resumen de las letras de una canción que fue compuesta en 1962 para conmemorar el primer aniversario de la asunción al poder del presidente Park. Se compuso sobre la base de una melodía tradicional en do menor, y tiene tres versos en total. Y el estribillo dice: "Se puede vivir bien. Se puede vivir bien. Nosotros también podemos vivir bien". Es decir, esta frase no se gestó de la noche a la mañana, pero no fue hasta el inicio del movimiento Saemaul cuando la población la terminó de internalizar y tomarla como propia.

En síntesis, Saemaul consistía en un movimiento socioeconómico que tenía como objetivo modernizar las zonas rurales, el cual incluía el incremento equilibrado de carácter federal en términos de ingreso, y respaldado por un fuerte cambio de mentalidad que se resumía en las siguientes frases subyacentes: "Sí, se puede" *(It can be done)* y "Haz posible lo imposible" *(Make possible the impossible)*.

Dos movimientos previos fallidos

Fue a través del liderazgo de Rhee Syngman, primer presidente de la República de Corea, cómo el país recuperó su soberanía sostenida por las ideas de la libertad, la democracia, la igualdad, el libre mercado y el comercio exterior, en un contexto de política internacional en el que el fascismo europeo y el comunismo soviético parecían ofrecer una alternativa interesante.

Cuando se habla de que la década del cincuenta fue una etapa de reconstrucción nacional, es necesario mencionar dos medidas políticas que sirvieron como base para lo que muchos denominan "el origen del milagro coreano", y que de alguna manera inspiró positivamente en la gestación del movimiento Saemaul.

¿Cuáles fueron esas medidas de urgencia en un contexto poscolonial y posguerra? En primer lugar, la reforma agraria (21 de junio de 1949), la cual consistía en la adquisición de los terrenos por parte del Estado mediante un bono para luego ser distribuidos al 60% de la población que se dedicaba a la agricultura y que contaba con la posibilidad de pagar en cuotas en un plazo de 5 años, con lo cual el porcentaje de la clase media creció notablemente. En segundo lugar, el Tratado de Defensa Mutua entre la República de Corea y los Estados Unidos de América. Fue mediante este acuerdo firmado el 1 de octubre de 1953 cómo Corea del Sur alcanzó a garantizar la Seguridad Nacional ante la permanente amenaza de los comunistas.

No obstante, una década de trabajo no fue suficiente, y el país continuó inmerso en la pobreza. El movimiento Saemaul demoró en llegar sobre todo si se tiene en cuenta que el general Park llegó al poder en 1961 a través de un golpe de Estado en medio de una crisis sociopolítica descomunal, aunque fue electo presidente en forma democrática 29 meses después y cumplió un total de cinco mandatos consecutivos como jefe de Estado hasta el 26 de octubre de 1979, día en que se produjo el magnicidio.

La pregunta lógica que surge es ¿Qué se ha hecho durante todo ese tiempo? Básicamente, la historia documenta que hubo dos movimientos fallidos antes del exitoso movimiento Saemaul. En pocas palabras, el de la década del cincuenta, bajo el Gobierno de Rhee Syngman, consistió en levantar un país de los escombros, y el de la del sesenta, liderado por Park Chung Hee, en intentar poner de pie a un país mediante prueba y error.

Entonces, ¿cuáles fueron esos dos movimientos, y por qué razón fracasaron?

Por un lado, tenemos el movimiento de "Reconstrucción Nacional". Se inició el 24 de julio de 1961 mediante un decreto, inmediatamente después de que el comandante Park asumiera el poder, el cual, básicamente, instaba a que cada ciudadano cambie su mentalidad.

Durante ese período de la historia, el ciudadano de a pie tenía dos problemas en cuanto a su estilo de vida. Primero, consumía bebidas alcohólicas de manera excesiva. Y, segundo, era adicto a los juegos de azar. Estos problemas eran la mayor causa de la desestabilización en términos de orden social.

En el fondo, esta manera de considerar la vida con liviandad tenía una explicación muy sencilla, y era la ausencia de esperanza con relación al futuro. En la década del cincuenta, Corea del Sur era un país que dependía casi exclusivamente de la ayuda humanitaria de la ONU (Organización de las Naciones Unidas). La crisis era de tal magnitud que prácticamente toda la población atravesaba una hambruna generalizada y, en consecuencia, la cifra de muertos por causa del frío, el hambre o las enfermedades se elevaba a niveles inimaginables.

Esto tiene una explicación sencilla. Para cuando había acontecido el conflicto bélico entre las dos Coreas, el 80% de la población se dedicaba a la agricultura, y la mayoría tuvo que adquirir nuevas capacidades e improvisar oficios alternativos para poder subsistir. En este contexto, los niños gritaban a viva voz en idioma inglés para llamar la atención de algún militar estadounidense a fin de obtener algo más para comer: "Give me chocolate!"

En resumen, Corea del Sur era un país destruido económicamente por la guerra, derrotado en la moral del espíritu patriótico, y devastado en el aspecto social debido a la ruptura de muchas familias que sufrieron muertes, lesiones y desapariciones.

Hablando de familias separadas, este tema tan característico de la península coreana merece un espacio aparte. Conforme a los datos de KTV (Korea TV), en 1985, la Cruz Roja logró a través de un concenso con los dos Gobiernos reunir a 35 familias surcoreanas y 30 familias norcoreanas en Pyongyang y Seúl respectivamente. Y, entre los años 2000 y 2010, se reunieron en una serie de 18 rondas más de 4300 familias, las cuales equivalen a 22.000 personas.

Ver esta clase de reencuentros familiares que llevaban décadas separadas es tan conmovedor que resulta imposible contener las lágrimas de emoción. Desde 1988, 133.208 personas se han inscripto en el Programa de Reunión de acuerdo a Integrated Information System for Separated Families del Ministry of Unification, pero la realidad es que lo que se ha concretado es poco: tan solo quedan unas 50.000 personas, de las cuales el 65% son mayores de 80 años (2021), y a todo esto se le añade la constante tensión diplomática entre ambas Coreas. En pocas palabras, la separación de familias no ha sido un tema menor en la segunda mitad del siglo XX, la cual ha dañado severamente la autoestima del ciudadano coreano.

Retomando la historia del origen de Saemaul, el movimiento de Reconstrucción Nacional respondía a una necesidad de urgencia para reconstruir un país de cero. Sin embargo, a pesar de que se trató de un movimiento nacional, la realidad es que no tuvo ninguna repercusión positiva en la sociedad. Por parte del Estado, solo hubo buenas intenciones y, por el lado de la ciudadanía, no hubo ningún motivo para participar en ello. La realidad es que, al cabo de tres años, dicho movimiento terminó en un rotundo fracaso debido a la nula participación por parte de la población.

Por otro lado, años más tarde, el Gobierno puso en marcha el "Proyecto de establecimiento del plan de acción para la generación de ingresos en zonas rurales". Si bien esto parece una mera combinación de varios vocablos y términos difíciles de entender, el propósito central de este movimiento consistía en mejorar las economías regionales.

Sucede que, hasta el año 1964, el salario del sector agropecuario era mayor en comparación con el del industrial de las grandes urbes como Seúl, Busan, Incheon, que estaban en plena formación. Esta ecuación se emparejó en 1965 para luego revertirse a partir de 1966. Ya para el año 1970, el salario de un industrial había aumentado 50% en comparación con el del agricultor, según datos oficiales de Statistics Korea.

Esto provocó la necesidad de un proyecto que equiparara el ingreso de ambos sectores. Sin embargo, esta medida gubernamental solo terminó beneficiando a las grandes agroindustrias, ya que se limitaba a la comercialización de productos regionales, y el requisito era que debía superar una cantidad de producción considerable, el cual no todo el mundo podía cumplir.

Muchos se quedaron excluidos del sistema, y este plan de acción no solo no mejoró la economía regional, sino que terminó en un fracaso absoluto, al igual que el movimiento de Reconstrucción Nacional.

De cualquier modo, estos intentos de mejorar la calidad de vida del ciudadano ayudó a que el presidente Park diera a conocer un proyecto superador, ya que el primero apuntaba solo al cambio de mentalidad y el segundo tenía como objetivo tan solo mejorar la economía, y de esta forma se creó la Secretaría del movimiento Saemaul, que mantenía un equilibrio entre ambos elementos bajo el paraguas del Ministerio del Interior el 22 de abril de 1970.

En un principio, hubo muchas dudas acerca del nivel de acatamiento por parte de la sociedad, pues el propósito inicial de dicho movimiento consistía en repartir de manera gratuita bolsas de cemento en los 33.267 pueblos del interior del país. El Gobierno tan solo había proporcionado una guía que informaba que se trataba de un material conglomerante con el que se podían construir casas, calles y puentes, y les había dado libertad para que las autoridades locales hicieran lo que mejor les pareciera en conjunto con los ciudadanos.

¿Qué iban a hacer con las 335 bolsas de cemento distribuidas de manera equitativa en cada pueblo? Nadie podía predecir el futuro. Era una incógnita total incluso para los propios funcionarios del Gobierno. Pero de esto dependía el éxito de este nuevo movimiento, cómo iba a responder la gente.

Durante su discurso inaugural, el presidente Park había manifestado: "¿Cómo podría una zona rural progresar si la gente necesita trasladar sus cargamentos con el *Jigae* [una especie de mochila en forma de A hecha de madera que se cargaba en la espalda] unos 4 kilómetros sin que haya calles para que un rodado entre a las zonas más apartadas? A partir de este año, será necesario que los ciudadanos unan sus esfuerzos para hacer calles y puentes. Esto lo denominaremos movimiento Saemaul" (KBS: Korean Broadcasting System).

El resultado fue sorprendente. Las calles de concreto les permitieron, por ejemplo, a los campesinos que cultivaban papas, trasladar su mercadería con absoluta rapidez, pues ya no necesitaban caminar decenas de kilómetros en medio de zonas montañosas sorteando obstáculos para vender sus cultivos. Lo que antes demoraba dos días, ¡ahora se lograba en dos horas!

Esto fue la piedra angular de la red de distribución a nivel nacional, porque permitió de alguna manera que todas las provincias, distritos y pueblos estuvieran conectados entre sí. Actualmente, la logística es uno de los puntos fuertes en lo que respecta a la competitividad del país. ¡Lo que se envía hoy llega hoy!

En resumen, el movimiento Saemaul permitió integrar las zonas rurales a la macroeconomía nacional, mejorar la calidad de vida del sector agropecuario y pesquero, e incrementar el nivel de sus ingresos. Sin lugar a dudas, el movimiento Saemaul marcó un antes y un después en la historia moderna de Corea del Sur, y preparó de esta forma las bases para un desarrollo económico y progreso social sin precedentes.

Tres valores del movimiento

Hubo tres valores que han servido como columna vertebral para que el movimiento no solo tenga resultados materiales y económicos tangibles, sino produzca también un cambio cultural en la población en general. Este conjunto de valores estaba compuesto por (1) diligencia, (2) autoayuda, y (3) cooperación.

1) Diligencia

La diligencia tiene que ver por definición con el "cuidado y actividad en ejecutar algo". También se refiere a la "prontitud, agilidad y prisa", según la Real Academia Española. Por su parte, en la página de internet de *Saemaul Undong Archives*, la diligencia no solo tiene que ver con el carácter diligente, sino también con la constancia, el ahorro, y el espíritu pionero. En pocas palabras, la diligencia es un valor fundamental en lo que respecta al progreso social, el cual se manifiesta mediante una actitud correcta y honesta.

A diferencia de lo que se cree en la actualidad, este es un valor que no tenían los coreanos hasta ese momento. La cultura del trabajo y del ahorro, sumados a la honestidad, se cultivaron recién en la década del setenta. En lo personal, tuve una experiencia inolvidable en mi época de adolescente. Sucede que había acompañado a mi padre a la embajada de un país extranjero, y el cónsul que debía autorizar personalmente el trámite de visa para el ingreso al país en cuestión estaba fuera de la oficina. Es decir, quien debía estar desde las 10 de la mañana trabajando se había ausentado sin previo aviso. Para hacer la historia corta, tuvimos que esperar hasta la una de la tarde para recibir la visa.

Al salir, exclamé en voz alta con una sensación de fastidio: "¡Estos países subdesarrollados!". Y mi padre me dirigió la palabra con una sonrisa: "Hijo, ¿sabías que Corea era así antes también?". Esa aseveración me dejó atónito, pues tenía la certeza de que mi país siempre había cumplido con los más altos estándares de vida, y estaba equivocado.

Algunos años después, tuve la oportunidad de ver un par de imágenes que cambiaron mi manera de pensar, pues se trataba de una foto en blanco y negro de un hombre que se había colgado en el paragolpes trasero de un bus para viajar "gratis" de manera ilegal y con todos los peligros que esa acción conllevaba, y otra imagen en la que los ciudadanos saltaban los molinetes del metro para no pagar el boleto en horas punta.

Sencillamente, había una diferencia abismal entre la Corea del siglo XXI, y la de los setenta. Por lo tanto, soy testigo ocular de un país que ha pasado del caos al orden, de la pobreza a la prosperidad, del espíritu de desesperanza a la cultura del trabajo, razón por la cual resulta difícil mantenerme al margen de ciertas sensaciones encontradas, pues todos los temas que aborda este libro lo he vivido en carne propia.

La encarnación de este valor se dio a conocer en la sociedad como "hungry spirit", es decir, "el espíritu del hambre", cuyo significado es "la fuerza de voluntad con el que se supera cualquier circunstancia adversa, aun cuando esta esté marcada por una situación extrema como es el caso de una hambruna", según National Institute of the Korean Language. El hambre por querer alcanzar la meta marca la diferencia. El querer es poder.

Quizás Kim Duk Koo (1955-1982) haya sido el personaje más representativo de esta mentalidad. Duk Koo fue un boxeador profesional que nació en medio de la pobreza, y llegó al podio en su época de gloria. Cuando se le presentó la oportunidad de enfrentar nada menos que a Ray Mancini, campeón mundial en ese entonces, no dudó ni un segundo, diciendo: "O muere él o muero yo". El combate, que tuvo lugar en Las Vegas el 14 de noviembre de 1982, fue muy aguerrido entre ambos pero, ya en el decimocuarto round, el surcoreano no pudo más, y perdió por KO *(knockout).*

Lo trágico de esta historia es que el surcoreano cayó en coma, y falleció cuatro días después en un hospital, hecho que produjo un efecto dominó tiempo después con los suicidios de la madre de Kim y del referí que había impartido justicia arriba del cuadrilátero. Cuenta la historia que Mancini cayó en una profunda depresión y abandonó el boxeo tiempo después, y que los distintos organismos mundiales como WBC, WBA, y WBO, entre otros, redujeron sus combates de 15 rounds a 12.

Kim Duk Koo fue, sin lugar a dudas, un héroe nacional, y representó la esperanza como campeón continental en la década del setenta. Tenía un espíritu de superación como nadie, y la diligencia era la única palabra de su diccionario. En la pared de su habitación, se descubrió una frase que había sido escrito de su puño y letra. Decía: "El hambre es mi mejor maestro".

Por esta cuestión, no hay que olvidar que la diligencia como valor principal del movimiento Saemaul se originó en medio de una época marcada por la escasez, el hambre y la desesperanza, y la única manera de generar recursos consistía en trabajar duro, lo cual se tradujo en el desarrollo de la industria ligera y el comercio exterior. La portada de *Newsweek* que data del 6 de junio de 1977 se titulaba "The Koreans are coming" *(Ahí vienen los coreanos)*, y decía: "Los coreanos son los únicos que superan a los japoneses en términos de diligencia".

Como era de esperar, todo progreso marcado por la velocidad conlleva sus sombras, y es que en Corea del Sur se trabaja "mucho" y "rápido". Por un lado, la OCDE (Organización de Cooperación y Desarrollo Económicos) advierte permanentemente a la República de Corea al tratarse de uno de los países donde más se trabaja (1915 h de trabajo anual cuando el promedio es de 1601 h en 2023). Es común que se hable de *yageun*, es decir, trabajar horas extras, con el detalle de que se da sin previo aviso, se extiende casi hasta la medianoche, y puede ser no remunerado como corresponde.

Por otro lado, conozco a extranjeros que observan con un ojo crítico la cultura del *ppalli ppalli*, es decir, ¿por qué los coreanos hacen todo tan rápido? Es que hay una historia que explica el detrás de la escena de esta obsesión al trabajo, y es que el valor de la diligencia sacó adelante al país de la miseria. En pocas palabras, había que hacer las cosas bien, pero de manera ágil.

Pero no fue un proceso sencillo instalar una mentalidad diligente y una cultura de trabajo, sumado a la urgente necesidad en términos de tiempo. De hecho, hasta hace unas décadas, el concepto de “Korean Time” describía la tardanza o, hablando más específicamente, la actitud relajada con la que los coreanos tomaban los compromisos en cuanto al horario, de acuerdo a un informe de *The Korea Herald*. Pero esto cambió en la sociedad coreana moderna. Actualmente, el término “Korean Time” está asociado más a la puntualidad, la agilidad, la dinámica y la eficiencia del trabajo que con la acción de llegar tarde. Arribar al lugar 5 o 15 min antes del tiempo pactado ya no es tomado como una virtud, sino como una parte de la ética de convivencia social.

Algunos pueden, y con razón, considerar el trabajo excesivo como explotación laboral. Pero, en el contexto coreano, la cultura del trabajo tiene una connotación algo distinta debido a su reciente historicidad. En una entrevista del diario *El País*, RM, líder de la banda BTS, explicó esta situación ante la crítica acerca del culto al sobreesfuerzo, diciendo: “En Occidente, la gente, simplemente, no entiende eso. Corea es un país que ha sido invadido, destruido y dividido en dos... pero ahora todo el mundo está mirando a Corea. ¿Cómo es esto posible? ¿Qué sucedió? En Corea, la gente trabaja duro”. Y redondeó su argumento de manera contundente: “Así se consiguen las cosas”.

Esto explica por qué ser haragán o perezoso está condenado en la sociedad surcoreana, aun cuando un individuo o una familia hayan logrado cierta libertad económica. En Corea del Sur, la mirada social es que el pobre vive en una situación de indigencia debido a su falta de adhesión al ambiente de una sociedad diligente. Por lo menos así ha sido tradicionalmente. El trasfondo político y social del movimiento Saemaul respondía a la meritocracia, es decir, uno conseguía lo que quería de acuerdo a la cantidad de sangre, sudor y lágrimas derramadas.

Aquellos que hemos nacido en medio de este movimiento social hemos crecido leyendo muy seriamente la fábula de la cigarra y la hormiga. Aquí la cigarra, quien se dedicaba a jugar y a cantar, representa la pereza, es decir, lo que socialmente está condenado, mientras que, en contrapartida, la hormiga, quien guardaba provisiones en el verano, representa la diligencia, y está ampliamente aceptada por la sociedad como una virtud.

Había que cambiar la mentalidad de toda una nación y pasar de una cultura de pereza a otra de diligencia. Se trataba de reconstruir todo de cero, y la cultura del trabajo y del esfuerzo fue vital para poner al país en movimiento. Por tal motivo, para un ciudadano surcoreano, la pereza es un pecado capital, mientras que el trabajo tiene un alto valor, y es sinónimo de progreso. La diligencia, traducida en muchas ocasiones como la disciplina y la responsabilidad, es la base del desarrollo humano.

2) Autoayuda

El movimiento Saemaul se dio en un contexto de extrema precariedad en el que la gente de zonas rurales vivía en casas hechas de barro, y no había suministro de luz ni de gas, y ni hablar de cloaca y agua potable.

Cuenta la historia que, luego de haber visto a la gente de Sindori en uno los vagones del tren, el presidente Park reflexionó un tiempo después:

> "Hay un refrán en Occidente que dice que Dios ayuda a quienes se ayudan a sí mismos. Por consiguiente, el Estado no puede ayudar de la misma manera a quienes no tienen esa mentalidad".

Sucede que los recursos del Estado eran limitados, mientras que las necesidades eran infinitas. De hecho, se dice que el Estado tomó la decisión de repartir bolsas de cemento porque hubo, en ese período de la historia, un exceso de oferta y escasez de demanda, puesto que era un producto nuevo para la gente del campo.

En Occidente, el concepto de autoayuda está directamente reducido a una de las categorías de la industria editorial, es decir, los libros de autoayuda. Por definición, se entiende la autoayuda como el soporte que una persona se brinda a sí misma con el objetivo de afrontar una situación difícil o de cultivar una sensación de bienestar personal.

Pero, en términos del movimiento Saemaul, este valor tiene una aplicación más colectiva. Es decir, implica no depender de otros, no responsabilizar al otro de mis condiciones, y dar lo mejor de uno mismo en la función al que se le ha asignado, pero a su vez le añade un fuerte sentido fraternal. La autoayuda es un valor que tiene que ver con la autosustentabilidad, con ser el protagonista de su propia vida, y ser el mayordomo de su propio destino, pero reflejado en la familia, la comunidad y el país, es decir, dentro de un marco que va más allá del propio individuo.

Este valor motiva al individuo a superarse, pero no en un sentido egoísta, porque ayuda a reconsiderar a su familia como un objeto de ayuda y a repensar en su nación como un objeto de contribución. Dicho de otro modo, la autoayuda parte de la premisa de que todo ciudadano tiene un bien con que contribuir, es decir, algo para dar al país. Haciendo alusión a una frase de John F. Kennedy (1917-1963), un ciudadano coreano que ha sido formado en el contexto del movimiento Saemaul no se preguntaba qué era lo que su país podría hacer por él, sino qué era lo que él podría hacer por su país. En este sentido, el coreano no espera que el país cambie algún día, sino que toma la iniciativa aportando su grano de arena.

Este valor se refleja en la sociedad contemporánea, por ejemplo, cuando el sindicato de camioneros levanta un paro nacional, y un trabajador brinda un reportaje a un canal de televisión, y dice: "Creo que el Estado nos ha escuchado, y nosotros también hemos entendido la delicada situación que estamos atravesando todos. Así que hemos decidido volver a trabajar **por el bien del país**" (énfasis del autor).

No hace mucho tiempo que vocablos como *Leisure*, YOLO *(you only live once), Camping, Work and Life Balance, Flex,* que básicamente tienen que ver con el descanso, las vacaciones, y el consumo, entendido como una autorrecompensa, han empezado a formar parte del vocabulario del ciudadano común en Corea del Sur. No obstante, en líneas generales, el país es tan dinámico que la sociedad misma exige hacer algo. La actividad es sinónimo de autoayuda, mientras que la inactividad está relacionada con la pereza, aun en la Corea actual.

La autoayuda no es otra cosa que la práctica diaria de la autosuperación. Cuando el Gobierno había repartido las bolsas de cemento, nadie imaginó cómo iba a terminar todo esto. Es por eso que se dice que algunos las llevaron a sus casas y las dejaron tiradas en el patio y al otro día observaron que el polvo se había convertido en una pieza sólida luego de una lluvia torrencial, mientras que otros levantaron una pared en la cocina. En definitiva, las bolsas de cemento tenían un sentido mucho más amplio que una simple asistencia material, pues el movimiento Saemaul estaba diseñado originariamente para crear una cultura proactiva que se resumía en una frase que decía:

"A mi pueblo lo cuido yo", la cual con el tiempo, se extendió a "mi empresa" y "mi ciudad".

Lo que nadie se imaginó es que esa ayuda social por parte del Estado se convertiría en un fuerte envión de autoayuda por parte del ciudadano de a pie y, de esta forma, se creara una infraestructura de calles en los campos que perdura aún en el día de hoy. Fue en la década del sesenta y del setenta cuando se crearon puentes y carreteras, lo cual agilizó la logística.

En Corea del Sur, existe un juguete para niños tradicional conocido como *ottogi*, y es muy similar al *mamushka* de origen ruso. Pero el *ottogi*, conocido en el mundo occidental como "roly poly", tiene un peso en la parte inferior que lo hace volver siempre a su posición original, es decir, lo mantiene de pie. La gran diferencia, más allá de su variable física, es que el juguete coreano tiene un profundo significado de autoayuda, mientras que su par en Occidente está relacionado con la fortuna.

El *ottogi* fue, sin lugar a dudas, "el" juguete en la década del setenta, porque representaba, describía y graficaba con creces al ciudadano coreano de la época, es decir, a una generación agobiada por las circunstancias adversas, pero con muchas ganas de salir adelante. En este sentido, el *ottogi* venía a ser sinónimo de autoayuda, autosuperación y esperanza para el futuro.

Una frase que popularizó el fundador del grupo Hyundai, Chung Ju Yung, ha sido: "Oye, ¿lo has intentado alguna vez?". Esto puede sonar como un chiste de mal gusto, ¿pues quién no quiere superarse y vivir mejor? Pero lo cierto es que muchas cosas no acontecen por el simple hecho de que no se ha intentado nunca. El argumento de Chung era que, antes de excusarse diciendo que no se puede, por lo menos, había que dar lo mejor e intentar. Si sale, bien. Y, si no, por lo menos se ha intentado. En esto consiste la cultura de la autoayuda. De manera que el secreto del éxito reside en pensar en positivo, mostrar una actitud proactiva y poner manos a la obra para pagar el precio. Así de simple.

La autoayuda del movimiento Saemaul tiene que ver con ser proactivos, tomar la iniciativa, hacer que las cosas sucedan, salir del *statu quo*, no evadir responsabilidades ni prestarse a excusas sin sentido, mostrarse fiel en la tarea que se le ha conferido, levantarse de nuevo a pesar de los continuos obstáculos, contribuir en pos del progreso de la sociedad, y trabajar diligentemente por el bien del país.

3) Cooperación

La cooperación plantea como objetivo elevar el nivel de eficiencia y productividad de lo que hace el conjunto de la sociedad a fin de alcanzar metas comunes. Dicho valor no solo fomenta el espíritu de unidad, sino que crea también una atmósfera de satisfacción y orgullo sobre la base de las metas logradas en equipo. Por lo tanto, la cooperación es un valor de sentido grupal que tiene como eje la solidaridad y la empatía por el prójimo.

Pero, aplicado en términos del movimiento Saemaul, el valor de la cooperación se extiende a nivel nacional, pues se trata de poner en marcha a un país entero. Es importante recordar que el movimiento Saemaul tuvo tanto éxito en las zonas rurales que se extendió a las grandes ciudades con el correr de los años mediante un abanico de programas.

Hablando de cooperación, uno de los factores que ha impulsado la unidad nacional en la ciudadanía fue el "juramento diario a la bandera", el cual era una práctica que se llevaba a cabo en las bases militares principalmente.

En la década del setenta, todo ciudadano coreano hacía una pausa a las 5 o 6 h de la tarde (dependiendo de la estación del año), y se detenía para hacer el juramento a la bandera mientras se entonaba el himno nacional, cuyo origen data del año 1919, aunque la composición melódica se gestó recién en 1935, con todas las restricciones que eso significaba para la época de invasión japonesa.

Es por eso que el himno nacional ha sido una fuente de unidad nacional en el caso de Corea del Sur. A pesar de que esta ceremonia ya no se practica, fueron 18 años (1971-1989) en que se inculcó en el corazón de cada ciudadano el amor por la patria. Se cuenta con un tono de humor que las parejas dejaban de pelearse y que el policía dejaba de correr al ladrón en honor a esta sublime pausa diaria.

Esto explica por qué es tan común que un estudiante de la primaria o de la secundaria en Corea del Sur se muestre tan interesado por todo dato concerniente a la actualidad del país, como puede ser el PBI per cápita, el índice de competitividad nacional, el ranking mundial en el rubro de exportación de *smartphones* y semiconductores, etc., y se mantenga actualizado con los últimos datos del año corriente. Es decir, hay un fuerte sentido de patriotismo, aun cuando no hay ningún tipo de adoctrinamiento ideológico.

En la República de Corea, hay una creencia popular milenaria que dice que toda la península está conformada por una sola etnia conocida como *Han*, es decir, "Korean People". Más allá del nivel de veracidad de esta teoría, la realidad es que este espíritu patriótico aporta a la cohesión social y a la unidad nacional a tal punto que la población coreana es llamativamente sensible a todo lo que está vinculado con su nación. En este sentido, todo coreano viene a ser parte de una gran familia, y este espíritu de pertenencia toma dimensiones inimaginables ante logros deportivos o catástrofes naturales, pues cobran relevancia nacional.

Esto explica por qué en el idioma coreano, el término *woori*, es decir, "nosotros", tiene una connotación tan peculiar. El coreano prefiere hacer uso de la primera persona en plural antes que el singular, lo cual explica la importancia que ejerce el sentido colectivo en la sociedad. Tanto es así que expresiones como "nuestra esposa", "nuestra sociedad", "nuestro país" no solo son muy comunes en el lenguaje cotidiano, sino que es la forma correcta de expresarse.

Uno de los detalles que son objeto de permanente elogio por parte de turistas extranjeros es la pulcritud de las calles. El cuidado de las propiedades de uso común y el respeto por las pertenencias de lo ajeno son una marca registrada del *K-tourism*. Sucede que la filosofía de la cultura *woori*, es decir, lo que es "nuestro", ayuda a mantener el orden social. Esto explica por qué el *grafiti*, entre otros fenómenos globales crecientes, no tiene lugar en un país como Corea del Sur, ya que la ausencia de limpieza está estrechamente ligada al abandono.

Adicionalmente, la cultura coreana del *Jeong*, la cual se traduce en profundos sentimientos de afecto, apego, cordialidad y empatía hacia los demás, que en distintas circunstancias involucra también a objetos o lugares, incentiva la responsabilidad social y colectiva, es decir, el sentido grupal, y es por eso que, en la conciencia popular, los héroes son más héroes y los villanos se vuelven más villanos solo por el hecho de ser "coreanos", y este sentido de pertenencia incluye a sus descendientes.

En Corea del Sur, el sacrificio individual en pos del grupo tiene un alto valor agregado. Es el caso de un jefe de familia, el profesor de un aula de clase, el gerente general de una empresa, el capitán de un equipo deportivo quien, movido por la empatía, se expone voluntariamente a alguna necesidad, crítica, o peligro para proteger a su gente. En Oriente, el concepto del líder o héroe no es el que va al frente y gana la batalla, sino el que se sacrifica para que el grupo salga ileso y victorioso de una hazaña.

Un fenómeno social que causa asombro en Occidente se da cuando se observa a un grupo de amigos que discuten entre ellos para pagar la cuenta en un restaurante. Aquí es oportuno hacer un breve paréntesis. En Corea del Sur, es cultural abonar la cuenta a la salida de un establecimiento gastronómico, a diferencia de los occidentales, que lo hacen en la mesa. Por lo tanto, es absolutamente cotidiano ver un tumulto de gente delante de la caja, y que, en un grupo de amigos o colegas, todos extiendan sus brazos con una tarjeta de débito o de crédito en su mano, y que la cajera no sepa cuál de todas aceptar.

Finalmente, el que "gana" es el que paga la cuenta de todo el grupo. Pero aquí hay un código de convivencia que dice: "Hoy me sacrifico yo, otro día te sacrificas tú, y todos en algún momento vamos a hacer lo mismo en pos de la unidad del grupo". El *going Dutch*, es decir, la acción de abonar la cuenta cada uno por su lado, no está bien visto en la sociedad coreana, porque se considera un acto egoísta carente de generosidad.

La cooperación no da lugar a un acto de egoísmo. Ser egocéntrico es sinónimo de maldad en la sociedad surcoreana. Siguiendo este hilo de pensamiento, en Occidente, se observa frecuentemente con un alto grado de curiosidad "el culto al honor" de los orientales. Para ilustrar esto, pensemos en el caso de un funcionario público de alto rango que se quita la vida por haberse encontrado culpable ante la sociedad en un caso de corrupción. Aquí hay un razonamiento oriental típico, y es que falló al grupo, en este caso, al conjunto de la sociedad, pues se espera que un político dé el ejemplo y tenga una conducta intachable en términos de ética y moral. Desde la cosmovisión oriental, no hay nada más severo para un ser humano que la condena social.

Es probable que estos factores hayan hecho que la antigua China considere al pueblo coreano como "dongbang-yeui-jiguk", que se traduce como "un pueblo del Noreste Asiático sumamente respetuoso, cortés y de buenos modales". Cuenta la historia que la cultura coreana causó una gran admiración a Confucio (551-479).

De hecho, está documentado que el hijo del bichozno de Confucio reflexionó al respecto de la siguiente forma en el año 300 a. C.: "Es un país grande, pero su gente no es orgullosa. Tienen un gran ejército, pero no invaden otros territorios. Sus modales son sencillos y generosos de tal manera que todo el mundo le cede el paso al otro y ofrece alimento. Indudablemente, merecen ser llamados como el país más respetuoso del Noreste Asiático".

La cualidad de ser respetuoso, amable y generoso es el ABC de la convivencia social, a tal punto que el acto de no saludar con reverencia, no llamar al prójimo por su posición social, no tratar de "usted" al otro, y hablar por encima, es considerado una falta de respeto aun en la Corea actual. Corea es un país que siempre se ha caracterizado por su calidad humana, pero, en la década del sesenta y del setenta, fue necesario reavivar el espíritu de cooperación a nivel nacional.

Al tratarse de un país con cero recursos naturales, el presidente Park hizo énfasis en la proliferación en materia de exportación sobre la base de cable de acero, algodón, azúcar y, sobre todo, wolframio. En este contexto, hubo dos sucesos que quedaron grabados en el inconsciente social colectivo.

En primer lugar, el envío de tropas a la Guerra de Vietnam. Entre 1964 y 1973, la República de Corea envió a más de 320.000 soldados, lo cual significó un ingreso de unos 1000 millones de dólares a las arcas nacionales. En segundo lugar, el envío de mano de obra a Alemania Occidental, principalmente mineros y enfermeras, el cual llegó a representar el 2% del PBI (GNP: Gross National Product).

Cuenta la historia que, en una jornada en el marco de visita de Estado del presidente Park en 1964, los más de 600 compatriotas presentes en el salón no pudieron contener el llanto mientras entonaban el himno nacional y, cuando le tocó el turno al presidente de dar un discurso, su voz se entrecortaba, pues era consciente de que estaba hablando a jóvenes de entre 20 y 35 años, que habían viajado al otro lado del mundo con el solo objetivo de generar recursos para el país.

"Estoy profundamente conmovido por haberme reencontrado con ustedes en un país tan lejano. Me imagino cuán difícil debe ser... Puede ser que no lo logremos en nuestra generación. Pero pongamos las bases de la prosperidad por el bien de nuestros descendientes...". Con lágrimas en los ojos, el presidente Park ya no pudo continuar. ¿Qué implicancia tenían todas estas emociones? Que el enfoque estaba puesto en la cooperación nacional, y no tanto en el éxito individual.

En efecto, gracias a estos esfuerzos de cooperación, se construyó la primera autopista en 1968 que unía Seúl con Incheon, y la autopista número 1 en 1970, la cual unía la capital con Busan, una obra pública de unos 416 km que llevó 2 años y 5 meses.

Por lo tanto, la cooperación es un valor irreemplazable de la ética social en la sociedad surcoreana y, cuando la misma se aplica en un contexto de patriotismo nacional, es cotizado de manera superlativa.

Estos tres valores que tenían el propósito de cambiar la cultura de toda una población están reflejados de manera fiel en una canción que fue compuesta por el mismo presidente Park en 1972. A continuación, transcribo la traducción al inglés que fue presentada mediante Saemaul Globalization Foundation, y dice así:

Morning bells are ringing
New sun is rising
Make the bed and take a step
To welcome brand new village

Best village in the whole wide world
We can make it our own hands

Do away with run down house
Pave the road with open mind
Pastures all around us
Let's build and care together

Lend a hand to enruch our land
Sweat and struggle all day long
Grow our income every day
Let's try and thrive together

We are all in this together
We are fighting in this together
Toil and moil every day
Let's give it all for motherland

El primer verso habla de despertarse temprano por la madrugada, es decir, está presente el valor de la diligencia. El segundo, fomenta a construir casas, calles y plantar árboles, en otras palabras, ahí se descubre la autoayuda. El tercero menciona la importancia de trabajar duro, incrementar las ganancias y hacer del pueblo un lugar próspero, lo cual no es otra cosa que la cooperación. Por último, el cuarto verso aborda el tema de luchar y trabajar por el bien del país, es decir, ahí esconde el valor del patriotismo.

En tanto, el estribillo se traduce de la siguiente manera:

El mejor pueblo para vivir
Con nuestras manos lo lograremos

Aquí se observan claramente los tres valores el movimiento. "Con nuestras manos" habla de la diligencia y la autoayuda. La frase "lo lograremos" en primera persona del plural está ligada a la cooperación. En tanto, "el mejor pueblo" tiene que ver con el eslogan: "Se puede vivir bien".

En fin, así como la Revolución francesa de 1789, que tuvo como eje los valores de *liberté, egalité* y *fraternité,* el movimiento Saemaul se originó a partir de la diligencia, autoayuda y cooperación, cuyos valores han marcado un éxito histórico a partir del año 1970, y que perduró hasta 1979.

Movimiento transversal

National Archives of Korea reconoce que "el movimiento Saemaul ha sido el movimiento socioeconómico más exitoso de los últimos 38 años de la historia moderna. Se estableció el movimiento bajo el lema: 'Se puede vivir bien', con los valores ideológicos de la diligencia, la autoayuda y la cooperación, logrando de esta manera la modernización de las regiones rurales de todo el país".

Sin embargo, este movimiento no solo cobró relevancia por el progreso socioeconómico y el cambio de mentalidad, sino que también influyó en todos los aspectos de la vida, ya que dicho proyecto fue de carácter transversal y no dejaba ningún área librada al azar, e involucraba el trabajo, la educación y la sanitización, entre otros factores. Dicho de otro modo, el movimiento Saemaul no solo mejoró la infraestructura, la calidad de vida y la economía, sino que cambió la cultura del ciudadano de a pie, es decir, la forma de vivir.

"La gimnasia nacional" es un claro ejemplo de esta transversalidad. Corría el año 1977 cuando el Gobierno, bajo el eslogan "La fortaleza física de cada ciudadano es la base de la competitividad del país", creó un programa de gimnasia que consistía en 12 movimientos básicos que tenía una duración de 4 min y 45.

Parece increíble, ¡pero el Estado procuraba que sus habitantes realizaran un poco de ejercicios físicos! Hay que entender que, en la década del setenta, la gran mayoría de los padres pertenecía a una generación posguerra que sabía lo que era no comer tres veces al día, y recién se estaba gestando una nueva generación en el que la salud era prioritaria, y el *K-fit*, como se conoce hoy día, era necesario.

En lo personal, recuerdo con cierta nostalgia que, en mi época de la escuela primaria nos reunían en el *campus* para realizar estos ejercicios todos los días antes de ingresar a las aulas. Asimismo, recuerdo con mucha gratitud la cucharada de miel que me daba mi madre cada mañana antes de salir de casa.

Otra práctica muy común que se gestó en la época del movimiento Saemaul fue que cada 5 de abril, en el marco de una jornada del Día Nacional del Árbol, todas las escuelas de nivel primario y colegios de nivel secundario se involucraban para ir a plantar un árbol por alumno.

Un dato de color es que la bandera del movimiento Saemaul, creada en 1973, consta de un árbol de tres ramas que representan los tres valores del movimiento (diligencia, autoayuda y cooperación), encerrado en un círculo con un fondo verde que representa a las zonas rurales.

Este proyecto de reforestación se debió a que, en el pasado, los japoneses habían saqueado toda clase de materias primas, entre estos árboles, y los pocos que quedaban fueron devastados durante la guerra, sumado esto a que la población usaba leña para paliar el frío, lo cual provocaba un alud en cada tormenta.

Sin embargo, mediante este proyecto nacional, Corea del Sur pasó a ser un país modelo en materia de reforestación para el resto del mundo, logrando cubrir el 65% del territorio nacional en espacio verde en tan solo siete años, período en el que se plantaron 311 millones de árboles.

Hay un registro del Ministry of the Interior and Safety en el que se lee una porción del discurso del presidente Park que data del año 1974: "Plantar un árbol es el camino para amar al país". Mirando en retrospectiva, pienso que esta clase de actividades ha hecho que todo ciudadano tome dimensión del valor del medio ambiente, del bien público y del progreso nacional.

En fin, fue una época marcada por la pobreza, y el movimiento Saemaul vino a cambiar el estilo de vida de cada ciudadano y a construir una sociedad civilizada. A modo de cierre de este capítulo, si bien hubo otros factores, la inmensa mayoría de economistas y sociólogos coinciden que el movimiento Saemaul fue la ingeniería del desarrollo económico y progreso social de Corea del Sur. Este atravesaba prácticamente todas las áreas de la vida del ciudadano común, y todavía hace eco en la sociedad surcoreana.

CAPÍTULO 04

El movimiento Saemaum

Un líder religioso

El movimiento Saemaul ha sido el motor del desarrollo económico y progreso social de Corea del Sur. Si hoy la República de Corea ha llegado a representar la decimotercera economía del mundo, y se ha posicionado como una potencia mundial, es porque el presidente Park Chung Hee implementó este movimiento socioeconómico a nivel nacional a partir del año 1970, el cual ha marcado un antes y un después en la historia moderna de este tigre asiático.

En líneas generales, los sociólogos coinciden con esta mirada, motivo por el cual la gran mayoría de la población surcoreana hoy día da por sentado que esto ha sido así más allá de su orientación política. Por ejemplo, en una encuesta realizada por Gallup Korea en 1998, el 45,6% manifestó que el movimiento Saemaul fue la clave del progreso económico del país, y estos números casi siempre se mantienen por encima del 50%.

Surge así un interrogante natural entonces, ¿De dónde surgió este movimiento social? ¿Cuál es su trasfondo? Como he mencionado en el capítulo anterior, el movimiento Saemaul procuraba ser una combinación perfecta de dos movimientos previos fallidos, y mantenía un equilibrio armonioso entre el cambio de mentalidad y el progreso económico. Es decir, no surgió de la noche a la mañana. Detrás de todo esto hay todo un contexto social que analizar. Pero hubo un momento en que hubo un *click*.

¿Cuándo? ¿Cómo? ¿Dónde?

Y aquí aparece en escena la figura de un líder religioso, y se trata del pastor Cho Yonggi (1936-2021). Es decir, no se trata ni de cuándo, ni de cómo, ni de dónde, sino de "quién".

Es muy interesante esta interrelación entre un político y un líder religioso, porque lo primero que se nos viene a la mente es la siguiente pregunta:

"¿Qué tiene que ver un líder religioso con el cambio social?".

Da la sensación de que la formación educativa en Occidente, a partir del Iluminismo del siglo XVIII, no permite estrechar vínculos entre la religión y la sociedad, motivo por el cual resulta sumamente complejo entrar en un razonamiento lógico. Sin embargo, cuando se analiza el progreso de las naciones, sobre todo a partir de la Reforma de Martín Lutero (1483-1546) en el siglo XVI, no son pocas las veces que se descubre la gran influencia que han ejercido ciertos líderes religiosos en la esfera política y social.

Tal vez, la razón por la que esta clase de injerencia espiritual no aparezca en los libros se debe justamente a la omisión que suele acostumbrarse hacer en ámbitos académicos, sociales y/o gubernamentales debido a la estigmatización que suele perseguir a todo lo que tiene que ver con el campo religioso, sumado a la idea de que, cuando se menciona a una religión en particular, se ejerce una presión para mencionar todas las demás religiones alegando a una cuestión de equidad, lo cual no es aplicable en todos los casos.

Martin Luther King Jr.

De todos modos, esto no quita ni anula la gran relevancia que han ejercido ciertos líderes religiosos a lo largo de la historia de la humanidad, sobre todo si se trata del progreso de toda una nación. Este es el caso de Martin Luther King Jr. (1929-1968), quien fue conocido por ser un intenso activista por los derechos civiles, y ha sido galardonado con el Premio Nobel de la Paz en 1964. Pero no todos saben que fue un pastor de corte bautista, es decir, un líder religioso.

En la década del cincuenta y del sesenta, la sociedad estadounidense estaba marcada por la segregación y por la discriminación racial. Hasta ese entonces, el afroestadounidense no tenía derecho al voto, entre otros derechos civiles básicos. La gente de color no podía viajar en la misma fila de asientos porque el autobús estaba dividido en dos secciones, y había un cartel que decía "white", es decir, era exclusivo para la gente blanca. A los niños anglosajones se les enseñaba que jugar con sus compañeros afroestadounidenses era inmoral por su color de piel.

Su incansable lucha estableció en la comunidad estadounidense cambios profundos de orden social. En 1964, se promulgó la Ley de los Derechos Civiles y, en 1965, la Ley de Derecho al Voto. Actualmente, Martin Luther King Jr. es considerado como un héroe no solo en los Estados Unidos, sino en el mundo entero.

Es decir, aquí hay un claro ejemplo de un líder, quien con sus valores espirituales ha logrado traspasar las barreras religiosas, y ha alcanzado a establecer una sociedad más justa y equitativa que todavía hace eco en cualquier parte del mundo.

Nikolaj Grundtvig

Retrocediendo un poco más atrás en el tiempo, también se puede mencionar a Nikolaj Grundtvig (1783-1872), un reconocido poeta, político y activista social que levantó a Dinamarca de las ruinas tras la guerra contra Prusia. Pero lo que pocos conocen es que se trató de un reverendo luterano, otro líder religioso.

En la actualidad, Grundtvig es reconocido en los países nórdicos debido su lucha por la libertad de culto y de prensa, el derecho a la propiedad privada, y la educación pública de nivel secundario. Pero, en términos de progreso nacional, cumplió un rol fundamental.

Sucede que, en 1864, Dinamarca había perdido la guerra de los Ducados contra Prusia y el Imperio austríaco. Por causa de la derrota, Dinamarca fue reducida en su territorio a la península de Jutlandia, donde la tierra era helada y no crecía ni un árbol. La guerra representó una decadencia económica sin precedentes, y la desesperanza empezó a reinar en el corazón de los daneses.

Los jóvenes pasaban el día emborrachándose en las calles, porque no conseguían trabajo, y las mujeres debían prostituirse con los extranjeros para poder sobrevivir. La gente, dándose por vencida, aseveraba: "No se puede, nos morimos, todo está mal".

Fue en ese período de oscurantismo cuando apareció en escena la figura de un líder espiritual. Se trata del pastor Nikolaj Grundtvig, quien dejó una frase célebre en su nación:

"¡Amemos a Dios!
¡Amemos al país!
¡Amemos a la naturaleza!"

Comenzó a fundar escuelas en las zonas rurales, e inició un movimiento social para cambiar la mentalidad, dejando atrás una mentalidad derrotista, y abrazando una mentalidad esperanzadora sobre la base de lo que él consideraba la inspiración divina para la regla y fe de vida, es decir, La Biblia.

Su pasión contagió al capitán Dalgas, quien inició un proyecto que consistía en restaurar el terreno de Jutlandia. Hasta ese entonces, los árboles que se plantaban morían al cabo de poco tiempo. Pero se le ocurrió la brillante idea de plantar árboles en las orillas del mar y, de esta manera, usarlos como una suerte de rompevientos.

Hasta donde yo sé, este tipo de fortaleza natural se reproduce aún en tiempos actuales en zonas costeras, y cumple una triple función. Primero, amortigua el viento producido por las fuertes tormentas hasta un 90%. Segundo, impide el paso de la arena y sustancias salinas que empeoran el desarrollo del cultivo. Tercero, produce oxígeno al medioambiente.

Este proyecto logró que la tierra sea apta para el cultivo, y que la siembra diera sus frutos. Al cabo de poco tiempo, Dinamarca se convirtió en el país número uno en materia de agricultura. Actualmente, Dinamarca es uno de los países más prósperos del mundo. El PBI per cápita en 2022 alcanzó 67.743 dólares estadounidenses, según CEIC Data.

En pocas palabras, resulta imposible divorciar la gran influencia social de este líder religioso con el progreso económico de Dinamarca. Desconocer el protagonismo de Nikolaj Grundtvig es como entrar cinco minutos tarde a una sala de cine, pues el espectador no se ubicaría en tiempo y espacio. Aquí nuevamente se observa la participación de un líder religioso en lo que respecta a la transformación social de una nación.

Cho Yonggi

Cho Yonggi es conocido en el mundo cristiano como el pastor de la iglesia más grande del mundo con 830.000 miembros activos. En efecto, Yoido Full Gospel fue reconocida como tal por el libro de *Récords Guinness* en 1993. Un artículo de *Christianity Daily* reporta que Cho dirigió 370 eventos multitudinarios en 71 países, lo cual equivale a 120 vueltas alrededor del planeta. En San Pablo, Brasil, llegó a convocar a más de 1.500.000 almas.

Los siguientes datos proporcionados por CGI *(Church Growth International)* nos brindan un panorama de cómo la iglesia liderada por este religioso coreano ha ido creciendo desde su fundación el día 18 de mayo del año 1958.

Año	Membresía	Templo
1958	5	Daejodong
1961	500	Seodaemun
1964	3000	Seodaemun
1970	9000	Seodaemun
1979	100.000	Yoido
1982	200.000	Yoido

Año	Membresía	Templo
1985	500.000	Yoido
1992	700.000	Yoido
1993	780.000 (Guinness)	Yoido
2019	830.000	Yoido

Es decir, a fines de la década del cincuenta, Cho era un pastor pobre que recientemente había fundado una pequeña congregación compuesta por cinco personas en las afueras de la ciudad de Seúl, y la capilla era nada menos que una carpa rota que había pertenecido a la Marina de guerra de los Estados Unidos. Sin embargo, el círculo de influencia fue expandiéndose al compás del crecimiento de su congregación.

Tanto es así que en la época del nuevo templo de Seodaemun, es decir, a partir de 1961, la congregación ya nucleaba a más de 500 personas, y en 1964, a más de 3000. En ese mismo año, empezó a viajar a los Estados Unidos en representación de Corea del Sur. Apenas con 28 años, Cho ya se estaba posicionando como un líder nacional.

El joven Cho, quien hablaba un fluido inglés por su experiencia como traductor de predicadores de origen estadounidense, no dejaba de recibir invitaciones a plataformas emblemáticas de escala global. Por ejemplo, en 1966, el Departamento de Estado de los Estados Unidos convocó a Cho para dar una disertación. En 1967, fue elegido como orador en el Palacio central de Westminster. Ya para ese entonces, Cho no solo se había convertido en un líder continental, sino que estaba ganando el prestigio de toda la población cristiana en el mundo.

Tiempo después, fue elegido como Superintendente mundial de The Assemblies of God (1992-2008), que nuclea a más de 66 millones de personas, según *Wikipedia*, ya consolidado como un líder de calibre global. En 2005, fue galardonado con el premio The Family of Man Medallion, y la ciudad de New York declaró el 18 de mayo como el "Día de David Yonggi Cho".

El presidente Park y el pastor Cho

En una encuesta realizada por los medios cristianos locales en 2003, Cho fue elegido como el líder más importante de la iglesia en Corea del Sur debido a su influencia social (46,7%). La cuestión aquí es en qué momento de su carrera ministerial Cho tuvo tamaña participación en la transformación social de Corea del Sur.

Antes de continuar, es menester que nos ubiquemos en tiempo y espacio. Para el año 1970, fecha en el que se puso en marcha el movimiento Saemaul, Cho era un joven carismático de 34 años, que lideraba una congregación dinámica y pujante de casi 10.000 miembros activos en el centro de la ciudad de Seúl, y recientemente había adquirido un terreno en la isla de Yoido (o Yeouido), para construir un templo con capacidad para más de 10.000 personas, algo impensado para la época.

En uno de sus libros, titulado *La vida y el pensar*, Cho reflexionó acerca de su preocupación para con su país, al escribir:

> "Cada vez que rezaba, una ola de revelación cargada de esperanza golpeaba mi ser. Acontecía un sinnúmero de circunstancias adversas, y todo pronóstico acerca del futuro del país era una incertidumbre total. Sin embargo, había una luz de esperanza que tenía que ver con la prosperidad de mi nación que iluminaba mi alma y no se apagaba… Decía:

'Ciertamente, mi país recuperará el orden social y se volverá rico'. Esta era mi voz, mi deseo y mi fe en cuanto a mi país".

Por otro lado, estaba el presidente Park Chung Hee, de 53 años, quien había asumido el poder a través de un golpe de Estado en 1961, pero fue a fines de su segundo mandato cuando inició el movimiento Saemaul, luego de dos movimientos fallidos que lo habían dejado al borde del fracaso político.

Cuenta la historia que un día el presidente Park manifestó su deseo de entrar en contacto con el pastor Cho casi de manera desesperada. En esa cena, el presidente le confió su preocupación por la situación del país, al decir:

"En realidad, he pedido que venga a verme porque tengo un tema que quisiera consultarle. Pastor Cho, como usted sabrá, nuestro país no tiene recursos financieros, ni industriales, ni naturales. Es mi deseo liderar a este país como corresponde pero, sinceramente, no tengo idea por dónde empezar. Pastor Cho, usted que viaja por todo el país y el resto del mundo, sé que está al tanto de todas las novedades. ¿Cuál cree que es el mayor problema que tenemos nosotros como país?".

El joven Cho le expresó lo que sentía por su nación, y respondió:

"El problema mayor es que todo el pueblo está sumido en una mentalidad de derrota y un pensamiento negativo, diciendo que no se puede. Al viajar al exterior, me he dado cuenta de que, por ejemplo, Europa del Norte es próspera a pesar de que el clima no es favorable y no tienen recursos naturales, mientras que en África, la gente es pobre más allá

> de la riqueza que hay en esas tierras. La gran diferencia es que los países prósperos son aquellos que han abrazado el cristianismo, cuyo mensaje consiste en 'Sí, se puede', y permite al hombre desarrollar una mentalidad activa y positiva. Todo recurso se origina en el corazón del ser humano, y no en la riqueza material. Nuestro país prosperará y nuestra gente gozará de una vida mejor si tan solo logramos renovar el corazón de este pueblo".

Y prosiguió su argumento presentando una estrategia de trabajo, al proponer:

> "Señor presidente, ¿qué le parece si inicia un movimiento llamado Saemaum? Yo lo estoy implementando en mi iglesia y el resultado es asombroso. Recuerde que usted tiene a su disposición una iglesia en cada pueblo. Podría aprovechar eso".

El presidente Park no dudó ni un segundo, y llamó a su ministro del Interior, y le pidió su opinión:

> "Aquí el pastor Cho me propone que inicie un movimiento que se llama Saemaum para cambiar la mentalidad de la gente y desarrollar las zonas rurales. ¿Qué opinas al respecto?".
>
> El ministro Kim Hyun Ok (1926-1997) respondió:
>
> "Me parece una buena idea, Señor presidente. Tan solo que noto que tiene un tono muy religioso".

Como resultado de esta conversación entre el presidente Park y el pastor Cho se dio a conocer meses más tarde, es decir, el 22 de abril de 1970, en todo el país, el movimiento Saemaul que significa "Nuevo Pueblo" *(New Village Movement),* mientras que, por su parte, el joven Cho le había propuesto iniciar un movimiento llamado Saemaum que significa "Nuevo Corazón" *(New Mind Movement).*

Parece un juego de palabras, pero lo cierto es que el movimiento "social" Saemaul tiene como trasfondo el movimiento Saemaum que era de carácter netamente "espiritual". Aquí nace mi frase: "transformación socioespiritual". Dicho en otros términos, estamos en presencia de un movimiento nacional que abarca un cambio sociocultural, pero que es respaldado por un trasfondo espiritual.

Como es de esperar, hay críticos que niegan incluso la existencia de esta cena entre el presidente Park y el pastor Cho, e intentan reducir su relevancia a lo mínimo al considerar que no es más que un mito urbano. Pero la realidad es que esta reunión no solo está registrada en los libros cristianos, sino publicada en los periódicos de prestigio nacional como *The Hankyeoreh* y *Chosun Daily,* entre otros. Es decir, no se trata de un cuento, sino de una historia real que está documentada en los libros del más alto nivel académico.

Lo que nunca se sabrá es hasta qué punto el consejo de un joven pastor pentecostal ha influido para que el presidente de una nación como Park Chung Hee haya iniciado casi de manera inmediata un movimiento de naturaleza socioespiritual. Es difícil medir, calcular y cuantificar eso, pero nadie en su sano juicio puede negar que hubo una interacción entre un líder político y otro religioso, y a partir de ese encuentro que funcionó como una especie de laboratorio, nació un movimiento de unidad nacional que marcó un ascenso socioeconómico sin precedentes, y todo esto en una sola generación.

Evidentemente, los hechos hablan por sí solos. De acuerdo a los datos de National Archives of Korea, el presidente Park solía mantener una reunión mensual con todos los empresarios de primera línea con el objetivo de incentivar las exportaciones. Esto ocurrió hasta el día de su paso a la inmortalidad en octubre de 1979, contabilizando un total de 177 reuniones. El grupo fue extendiéndose de 15 a 250 empresarios a medida que iban surgiendo consensos en la agenda nacional. Existe un audio en el que se escucha hablar al presidente diciendo: "El propósito de estas reuniones no es para que alguien diga: 'No se pudo', sino para pensar cómo hacer posible lo imposible. Entiéndase que no estamos reunidos aquí para que alguien se excuse diciendo: 'Estamos en tiempo de crisis económica'".

En pocas palabras, según mi juicio, nadie entendió mejor el valor del "Sí, se puede" que el presidente Park. En la Corea del sesenta y del setenta, era a todo o nada, y las cosas se debían lograr como fuese. Y el récord en materia de exportación puso las bases para otro gran desafío: la industria pesada en medio de una mirada escéptica social y diplomática, la amenaza de guerra por parte de Norcorea y la crisis del petróleo.

Pero, contra todo pronóstico incierto, la mentalidad del "Sí, se puede" se materializó en construcción de puertos y de carreteras en Medio Oriente, con lo cual el país pasó de la industria ligera a la industria pesada a partir de 1977, batiendo un récord histórico de 1000 millones de dólares a 10.000 millones en términos de exportación en tan solo 7 años, un hito histórico que Alemania había logrado en 11 años y Japón en 16. Definitivamente, la mentalidad positiva fundamentada en los valores espirituales se había convertido en el motor de un desarrollo económico sin precedentes.

Saemaum

Saemaum significa "Nuevo Corazón", y plantea como objetivo renovar la mente del ser humano. Básicamente, consiste en pasar de una mentalidad negativa, derrotista y pesimista a una mentalidad activa, positiva y creativa. Este movimiento espiritual apunta al bienestar, y sostiene que todo se origina en el corazón del hombre.

El movimiento Saemaum se fundamenta en una frase de Salomón, un rey que gobernó Israel entre los años 971 y 931 a. C., y se le atribuye la autoría de la mayoría del contenido de los Proverbios, un libro que está incluido en el *Tanaj* hebreo y en La Biblia católica y evangélica que trata temas de índole espiritual, social, ético, y moral.

En el capítulo 4, versículo 23 dice: "Por encima de todo cuidado, guarda tu **corazón**, porque de él brotan las fuentes de la vida" (énfasis del autor), según La *Biblia de Jerusalén*. Si bien otras versiones lo traducen como "mente", "pensamientos" o "interior", se recomienda resguardar el formato original del idioma hebreo.

Como todo movimiento espiritual que se basa en un texto, Saemaum descansa sobre lo que la cosmovisión judeocristiana considera como un libro sagrado. Antes de continuar con el hilo de pensamiento, pienso que es necesario aclarar que, al poner sobre la mesa un elemento religioso como lo es La Biblia, lejos está de mi intención hacer de este análisis una promoción proselitista, ya que, como académico, mi propósito consiste en estudiar el vínculo que existe entre el movimiento Saemaul del presidente Park y el movimiento Saemaum del pastor Cho de la manera más objetiva posible pues, al final del día, estamos tratando valores universales, y no una ideología política o religiosa.

Lo que sí es una verdad infalible es que la Biblia, un *bestseller* histórico en el que millones de personas alrededor del mundo depositan su fe considerándola como La Palabra de Dios, ha influido de cierta manera en la historia de la humanidad, incluso en lo que respecta a la transformación socioespiritual de las naciones, sin que esto signifique que un Estado deba profesar tal religión para alcanzar cierto progreso económico y estatus social.

Insisto en esta idea. Aquí hablamos de principios y valores universales, y no de un dogma o corriente religiosa. Es sumamente interesante cómo el pastor Cho presentó al presidente Park los valores del cristianismo sin hacer mención de ninguna doctrina en particular, sino resumiendo en un principio de vida tan simple como es el "Sí, se puede". En efecto, aquí hay un dato de color. El presidente Park Chung Hee no profesaba ninguna religión, así como tampoco estaba interesado en hacer del país una nación budista o cristiana.

Actualmente, el Estado de la República de Corea no legisla ninguna religión oficial ni tampoco sostiene algún culto en particular, aunque sí garantiza su libre ejercicio. Según Gallup Korea del año 2022, el budismo representa el 16,3%, el cristianismo 15%, el catolicismo 5,1%, y el ateísmo 63%. Para aquellos que se preguntan por qué el confucianismo no tiene ninguna porción estadística, veo oportuno aclarar que dicha religión no es considerada como tal en Corea del Sur, ya que se asemeja más a un conjunto de ética y moral. Dicho esto, se observa una tendencia alcista del agnosticismo bastante pronunciada a partir del 2017.

No obstante, esto no anula la gran influencia que han ejercido las religiones en el plano cultural. En función de lo que ya se ha analizado, se podría decir que, en el caso de Corea del Sur, los valores del budismo han contribuido en el aprecio por la naturaleza y en el cuidado del medioambiente, las ideas del confucianismo, en lo que respecta a la ética y la moral, la honra hacia los mayores y el respeto al prójimo y, por último, la cosmovisión del cristianismo, en el cambio hacia una mentalidad positiva, proactiva, productiva, y creativa, y en el progreso en materia de economía, salud, educación, ciencia y tecnología, así como asistencia social.

Así pues, cuando se aborda el tema de la mirada socioespiritual, hay que entender que no se trata de imponer ninguna religión en particular por parte del Estado, sino de levantar una masa crítica que influya positivamente mediante valores espirituales comunes a los efectos de alcanzar una vida más digna, una sociedad más justa y una nación más próspera.

Hago mención de manera enfática al tema de los valores espirituales, porque esto es lo que sucedió en Singapur, otro de los países que pasó de la extrema pobreza a la absoluta prosperidad. Según CEIC Data, el PBI per cápita ha sido de 82.794 dólares estadounidenses en 2022. Si se tiene en cuenta que estos índices no superaban los 10.000 dólares hasta 1988, el avance es, simplemente, incuestionable. ¿Pero en dónde está el secreto?

Un politólogo amigo me contó que había tenido una audiencia privada con el Primer Ministro de dicho país hacía unos años, y había aprovechado la ocasión para preguntarle cuál había sido la llave del éxito.

De forma repentina, dice que sacó una Biblia del cajón de su escritorio, y afirmó que los singapurenses seguían los valores cristianos. Y, a pesar de que, como la gran mayoría de los países asiáticos, la población no simpatizaba por ninguna religión en particular y, de hecho, el cristianismo representaba una minoría absoluta al igual que el budismo o el sintoísmo, los principios representados en La Biblia como la democracia liberal, el libre mercado, el derecho a la propiedad privada, fueron los elementos que han guiado al país hacia las sendas del progreso.

También está el ejemplo de Noruega que, hasta hace 200 años, era uno de los países más pobres de toda Europa. ¿Pero qué sucedió? Un libro lo cambió todo en tan solo una generación. En este tiempo, Noruega, al igual que sus vecinos nórdicos, son venerados por todo el mundo en lo que respecta al desarrollo democrático y modelo económico de tal manera que representa uno de los PBI per cápita más altos del globo ($106.148 en 2022, según el Banco Mundial).

Sin embargo, hace varias generaciones, los noruegos no tenían libertad de circulación y la tasa de analfabetismo rondaba el 90%, sumado a todo el atraso que involucraba en materia de ciencia y tecnología. Pero, un día del año 1796, Hans Nielsen Hauge (1771-1824), un joven agricultor, recibió una Biblia, de la que se le dijo: "Este es el libro de Dios, y se aplica para todas las áreas de la vida". Esto produjo un gran despertar socioespiritual a nivel nacional. Más allá de que este país en cuestión se hizo rico por el petróleo y por el gas en un período relativamente corto, hubo un conjunto de valores como la libertad, la educación y el desarrollo, es decir, una transformación espiritual que funcionó como fundamento para allanar el camino hacia el progreso.

Francamente hablando, la idea de que los valores cristianos aportan al crecimiento socioeconómico de las naciones no es nada nueva. En 1905, un sociólogo, economista y político alemán, llamado Max Weber (1864-1920), escribió un libro que se titulaba *La ética protestante y el espíritu del capitalismo*, una obra monumental que la Asociación Internacional de Sociología calificó como el cuarto libro más importante del siglo XX.

Weber sostiene que el capitalismo en Europa del Norte evolucionó cuando la ética evangélica influyó en un gran número de masas para que se dedicara al trabajo en el mundo secular, desarrollando empresas y participando en el comercio y en la acumulación de riqueza para la inversión. Dicho en otros términos, la ética cristiana del trabajo fue una fuerza importante detrás del surgimiento del capitalismo moderno, según la mirada de Max Weber.

Visto desde esta perspectiva, pareciera que La Biblia tiene un alto valor ético y moral que la humanidad debiera reconsiderar con seriedad, por lo que propongo leerla con esmero, pero no como un libro religioso, sino como un manual de desarrollo humano, es decir, todo lo que tiene que ver con el buen vivir.

Dicho esto, en el conjunto de los valores espirituales, da la sensación de que aquellos que se alinean al cristianismo son los que asimilan con mayor facilidad al desarrollo económico y progreso social de las naciones. Indudablemente, la cosmovisión judeocristiana está estrechamente ligada al ascenso social, puesto que Pedro y Juan, dos discípulos de Jesús, fueron subestimados como gente sin estudio ni preparación. Otras versiones hablan de “hombres del vulgo” (RVR1960), pero terminaron de sorprender al mundo dando vuelta nada menos que al Imperio romano hace 2000 años hasta que Constantino (280-337) declaró la libertad de culto a la comunidad cristiana en el año 313, y Teodosio (347-395) promulgó el Edicto de Tesalónica, mediante el cual el cristianismo se convirtió en la religión oficial del Imperio a partir del año 380.

En el caso de Corea del Sur, los valores del cristianismo llegaron a la península mediante la traducción de La Biblia por parte de dos discípulos de John Ross (1842-1915) en 1880, y los desembarcos de Horace Underwood (1859-1916), Henry Appenzeller (1858-1902) y William Scranton (1856-1922) en 1885.

Merece un párrafo aparte la historia de Robert Jermain Thomas (1840-1866), un misionero de origen galés que primeramente llegó a China y, luego de varios intentos frustrados, logró desembarcar en Pyongyang con apenas 26 años. Pero se encontró con una hostil resistencia militar, pues en ese entonces, Heungseon Daewongun (1821-1898), último rey de la dinastía Chosun, había adoptado una política de aislacionismo absoluto y persecusión religiosa (contra los católicos) como un modo de preservar la cultura de la nación ante la permanente amenaza de británicos, franceses y rusos, por lo que la nave comercial *General Sherman* fue incendiada. Ante esta situación, el reverendo Thomas empezó a arrojar las biblias que había llevado consigo. Logró salvar su vida tirándose en medio del río Taedong, pero fue asesinado por un tal Park Chun Gwon (1839-1920), un oficial de alto rango.

Un dato no menor es que esta historia no se trata de un cuento en el que la subjetividad de quien lo narra juega un papel preponderante, sino que está registrada en The Academy of Korean Studies. Pero esto no termina allí, pues Park Yong Sik, un oficial del Gobierno, tomó algunas copias que estaban tiradas a la orilla del río, y la utilizó para empapelar su casa. Años más tarde, Choi Chi Ryang (1854-1930), quien había presenciado el martirio de Thomas a los 12 años, adquirió la propiedad de Park para usarla como un hotel en 1891 y, a causa de la lectura de

La Biblia y el contacto de misioneros extranjeros, terminó de convertirse en el primer cristiano autóctono de toda Corea. A su vez, siguieron sus pasos de fe los otros dos Park que estuvieron involucrados en esta historia.

Lo increíble de esta anécdota es que este establecimiento se convirtió no solo en el primer templo cristiano de la historia de Corea, sino en el epicentro de lo que los historiadores denominan como "el Gran Avivamiento de Pyongyang" de 1907. Algunos sostienen que el número de cristianos pasó de 50.000 en 1905 a 200.000 en 1909.

Sin embargo, hay un detalle muy particular de este fenómeno socioespiritual que tuvo lugar en la península coreana, y es que, más allá del aspecto cuantitativo, se produjo un fuerte cambio de estilo de vida en términos éticos y morales. En pocas palabras, los valores del cristianismo contribuyeron a la estabilidad y al bienestar social.

Haciendo honor a la Reforma Protestante del siglo XVI, las ideas de Juan Calvino (1509-1564) fueron los fundamentos ideológicos que terminaron creando hospitales, universidades y organizaciones de asistencia social sin fines de lucro, los cuales, dicho sea de paso, son los más sobresalientes en materia de experiencia de usuario y atención al cliente.

Para explicarlo de otro modo, si en 2021, Corea del Sur tiene una expectativa de vida de 83,6 años, muy por encima del promedio global, ubicándose en el tercer puesto en el ranking de los países que integran la OCDE (Organización para la Cooperación y el Desarrollo Económicos), cuando hace siete décadas promediaba los 41,7 años, y hace cinco, los 62,3, para luego en 1990, superar la barrera de los setenta, y en 2010, la de los ochenta, de acuerdo a los registros de Statistics Korea, es porque los primeros misioneros cristianos de origen europeo y estadounidense, fieles a sus valores espirituales, fundaron hospitales y universidades para mejorar la calidad de vida de la población en general.

En pocas palabras, el ascenso social no se limita a cuestiones meramente económicas, sino que está ligado también a la educación, la salud, y todo lo que involucra el bienestar integral del ser humano.

A modo de conclusión, la historia moderna da testimonio de que los países donde los valores del cristianismo pos-Reforma han alcanzado mayor penetración son los que han mejorado notablemente su calidad de vida. En contramano, aquellas naciones que se han alejado de estos valores espirituales manifiestan un deterioro sistemático en términos de consciencia moral, estabilidad económica y orden social.

Sí, se puede

Entonces, yendo al punto en lo que respecta al movimiento Saemaul y Saemaum, ¿en dónde se encuentran los valores que comparten ambos movimientos? ¿Hay algunas similitudes? ¿Cuáles son?

Repasemos. El lema del movimiento Saemaul era "Se puede vivir bien", el cual hacía alusión al progreso económico. Paralelamente, las otras frases subyacentes eran "Sí, se puede" y "Haz posible lo imposible" en cuanto al cambio de mentalidad. Estos dichos hicieron eco en una sociedad que anhelaba cambios culturales profundos.

En lo personal, recuerdo haber visto cuadros colgados en la pared de los hogares con estas frases, lo cual me resultaba natural, ya que era como una especie de idioma cultural que resultaba familiar en nuestra condición de ciudadanos coreanos. Todo el mundo decía que se podía y que no había nada imposible. Este eslogan caló tan hondo en la sociedad surcoreana de los setenta que la excusa llegó a ser casi una mala palabra.

¿Pero de dónde viene esta serie de frases? ¿Acaso tienen un trasfondo espiritual? Definitivamente, sí. Volviendo a La Biblia, que muchos cristianos consideran como norma de fe y conducta, hay una parte en el Nuevo Testamento, más específicamente en el evangelio según San Marcos capítulo 9, versículo 23 que dice: "Para el que cree, todo es posible", y Filipenses capítulo 4, versículo 13 en el que se lee: "Todo lo puedo en Cristo que me fortalece".

En primer lugar, los versículos de San Marcos relatan la historia de un padre que había llevado a su hijo que estaba poseído por un espíritu maligno que no le permitía hablar. Y, de tanto en tanto, se manifestaba con movimientos bruscos, echando espuma por la boca, rechinando los dientes, y poniéndose rígido.

Pero Jesús no estaba presente en ese instante, y sus discípulos empezaron a discutir con los maestros de la ley. Cuando le llevaron al hijo sordomudo, Jesús le preguntó al padre: "¿Hace cuánto tiempo que le pasa esto?" Sucede que el muchacho había sido alcanzado justo en ese momento por una nueva convulsión que hacía retorcer el cuerpo en el piso y echar espuma por la boca. Pero, para sorpresa de muchos, el padre le confesó que a menudo se ponía violento y se arrojaba al fuego o al agua. La historia concluye al echar Jesús fuera al espíritu maligno que le impedía al muchacho oír y hablar, y el joven fue sanado íntegramente.

El punto aquí es que el padre había pedido a Jesús que lo ayudara si podía. Esto es lo que llamamos una "batalla cultural", o sea un imposible de resolver, un muro a derribar y un gigante a vencer, es decir, un proyecto sociocultural a largo plazo que mueve los cimientos de una sociedad a través de valores espirituales, pero que al final del día se materializa en el bien común.

La pregunta es la siguiente: ¿cómo se comunica un mensaje de esperanza a un pueblo sufrido? ¿De qué manera se explica que se puede vivir mejor a una población que no ve la salida al final del túnel? ¿Con qué palabras se persuade a una nación diciendo que vamos a ser una potencia mundial en tan solo una generación? Es entonces cuando Jesús, el nazareno, dice: "¿Cómo que si puedo? Para el que cree, todo es posible".

En consecuencia, no es ninguna exageración sostener que el movimiento Saemaul ha tomado este pasaje de La Biblia haciéndolo propio para plasmar un cambio cultural en el que aseveraba que se podía vivir bien. Definitivamente, la gran agenda nacional consistía en que cada ciudadano viviera una vida digna, próspera y realizada.

En segundo lugar, se trata de un fragmento de las cartas de Pablo. No faltan aquellos que malinterpretan este pasaje autoconsiderándose en una especie de superhéroe, y lo usan para cualquier ocasión. Pero el contexto es totalmente lo opuesto, ya que el autor a los filipenses está encarcelado, con lo cual podemos afirmar sin temor a equivocarnos que de *Superman* no tiene nada.

Además, el apóstol oriundo de Tarso está hablando de cuestiones económicas, y no de otros temas, ya que expresa lo siguiente: *"He aprendido a estar satisfecho en cualquier situación en que me encuentre. Sé lo que es vivir en la pobreza, y lo que es vivir en la abundancia. He aprendido a vivir en todas y cada una de las circunstancias, tanto a quedar saciado como a pasar hambre, a tener de sobra como a sufrir escasez"*. Luego de decir esto, remata: "Todo lo puedo".

Esto es interesante porque el lema del movimiento Saemaum estaba compuesto por tres frases: "Podemos hacerlo" *(We can do it)*, "Sí, se puede" *(It can be done)*, "Hagámoslo" *(Let's do it)*. De hecho, hay un coro que representa este movimiento de índole espiritual que se cantaba en la iglesia del pastor Cho, y su lírica dice así:

Podemos hacerlo
Sí, se puede
Hagámoslo
Para el que cree
Todo es posible

Capaz no soy
Débil soy
Pero el Señor es mi ayuda
No dudes
No temas
El milagro está por suceder

En la Palabra
En la fe
Podemos hacerlo
En la Palabra
En la fe
Sí, se puede
Hagámoslo

Tal vez la traducción al idioma inglés o español pierda un poco de fuerza, porque, en el lenguaje coreano, las tres frases riman con un énfasis en el verbo *hacer (hal, ha y hae)*, mientras que su equivalente en español, es decir: "Podemos hacerlo", "Sí, se puede", "Hagámoslo", lejos está de ser un juego de palabras, y no existe ninguna concordancia sonora.

Pero el punto aquí es que la segunda frase, la cual se traduce "Sí, se puede", coincide exactamente letra por letra con la frase con el que el presidente Park había iniciado el movimiento Saemaul, motivo por el cual se puede afirmar que este movimiento espiritual liderado por el pastor Cho tuvo una injerencia directa en el movimiento social dirigido por el presidente Park.

	Saemaum	Saemaul
Cultural	Para el que cree, todo es posible	Sí, se puede
Económico	Todo lo puedo en Cristo que me fortalece	Se puede vivir bien

Dicha coincidencia parece no ser pura "casualidad", sino absoluta "causalidad". Es evidente que (1), a partir del encuentro entre el presidente Park y el pastor Cho, (2), el nombre que puso el presidente al movimiento social, (3), sumado al *timing* en que se lanzó el movimiento Saemaul, (4), y la coincidencia de ambos lemas, entre otras cosas, parecieran estar dirigidas por una mano invisible.

Para hacer sintética la historia, el movimiento Saemaul del presidente Park Chung Hee alcanzó un éxito rotundo porque tuvo un respaldo espiritual. A esto se debe mi propuesta de que la transformación de nuestros pueblos debe ser de carácter "socioespiritual". De nada sirve, o por lo menos está condenado a lo temporal y cortoplacista, si el cambio social no está fuertemente arraigado a un conjunto de valores espirituales que impulsen el progreso.

Así como Martin Luther King, quien introdujo cambios radicales en materia de derechos civiles en los Estados Unidos, y al igual que Nikolaj Grundtvig, que inculcó en el corazón de los daneses un amor incondicional por su país, Cho Yonggi fue un líder espiritual que dio a conocer a una sociedad derrotada en la moral a un Dios bueno, y sembró esperanza en una época atravesada por la pobreza y condenada por la miseria.

En el retroceso o progreso de una nación, el factor socioespiritual es fundamental porque es lo que mueve el fondo. Y, en el caso de Corea del Sur, el movimiento social Saemaul estuvo respaldado por el movimiento espiritual Saemaum. En esto radicó el éxito de este crecimiento económico.

CAPÍTULO 05

La Cuarta Dimensión

El origen del desarrollo económico y del progreso social

La ecuación es mucho más simple de lo que parece. Si el desarrollo económico y progreso social de la nación de Corea del Sur tuvo como motor el movimiento social Saemaul, cuyo trasfondo es, como hemos observado en el capítulo anterior, nada menos que el movimiento espiritual Saemaum, entonces, ¿cuál es el fundamento espiritual de este movimiento que transformó la mentalidad de toda una población?

El propósito del movimiento Saemaum consistía en renovar el corazón de la gente y pasar de una mentalidad negativa, pesimista y destructiva a una mentalidad positiva, proactiva y creativa basado en los pasajes de Marcos 9:23 y Filipenses 4:13, los cuales se tradujeron en aquellos eslóganes populares que decían: "Sí, se puede" y "Se puede vivir bien".

Es recomendable entender en la composición del *supply chain*, es decir, en la cadena de suministro que se inicia en la espiritualidad de la Cuarta Dimensión como aprovisionamiento, continúa con el movimiento Saemaum, que vendría a ser la etapa de producción, para luego seguir con el movimiento Saemaul, que viene a ser el almacenaje, para finalizar en el desarrollo económico, el cual equivaldría a la distribución y entrega al consumidor final.

Aprovisionamiento	Producción	Almacenaje	Distribución
La Cuarta Dimensión	Movimiento Saemaum	Movimiento Saemaul	Desarrollo económico

En pocas palabras, cuando se aborda el tema de la importancia de contar con un respaldo espiritual, nos estamos refiriendo nada menos que a un principio universal conocido como *La espiritualidad de la Cuarta Dimensión*, la cual viene a ser el origen de ambos movimientos que transformaron la sociedad coreana para siempre.

Este modelo de espiritualidad cristiana se dio a conocer en el mundo a partir de la publicación de un libro titulado *La Cuarta Dimensión* en el año 1978, el cual fue traducido a más de 37 idiomas, y ha vendido más de 50 millones de copias. En el caso de América Latina, esta obra fue traducida y publicada en castellano en el año 1981, y tuvo una gran repercusión en todo el continente de tal manera que se tradujo en eventos multitudinarios.

¿Qué es la Cuarta Dimensión?

En principio, el concepto de las dimensiones no es más que una idea que viene de la geometría, una rama de las matemáticas que se ocupa del estudio de las propiedades de las figuras en el plano o en el espacio.

Según esta ciencia, la primera dimensión es una línea. La segunda dimensión es un plano, mientras que la tercera dimensión es expresada mediante un cubo.

En la primera dimensión, se habla de latitud, mientras que, en la segunda dimensión, se suma el concepto de longitud. Y, en la tercera dimensión, se añade la idea del volumen. El concepto es claro. Mientras mayor dimensión, más libertad de movimiento hay sin que esto anule la dimensión menor, y esto está en perfecta armonía con una ley de la física que dice: "Toda sustancia está envuelta en una sustancia de mayor tamaño".

1 dimensión	2 dimensión	3 dimensión	4 dimensión
Línea	Plano	Cubo	Hipercubo

La pregunta es: "¿Y qué es, entonces, la Cuarta Dimensión?". Aquí es donde entra en juego la física. Para explicarlo de manera fácil, la física es la ciencia que toma el concepto de las dimensiones de la geometría para aplicarlo a la vida diaria, y, de esta manera, nace el término "la Cuarta Dimensión", que algunos físicos lo han expresado como un hipercubo, dando a entender que el mundo cúbico en el que vivimos está envuelto por una dimensión mayor. La física tradicional ha intentado descubrir el mundo tetradimensional de diversas formas y, en efecto, cerebros ilustres como Albert Einstein (1879-1955) han opinado, mediante la Teoría de la Relatividad, que el tiempo (no cronológico) podría ser la Cuarta Dimensión.

Aquí es necesario hacer un breve paréntesis para hacer una aclaración. Algunos relacionan el tema de la Cuarta Dimensión con el esoterismo, la metafísica, los fenómenos paranormales, e incluso con el movimiento de la Nueva Era. De hecho, cuando alguien escribe dicho término en los portales como *Google* o como *Amazon*, lo primero que encuentra son libros que están relacionados a dichas cuestiones.

Pero lo cierto es que la Cuarta Dimensión en su formato original es más un concepto científico que una idea de características místicas. Además, hay que entender el contexto social que se vivía a fines de la década del setenta, pues se publicaba una inmensa cantidad de libros y materiales audiovisuales que se titulaban *La Cuarta Dimensión*, y en su mayoría trataban temas que tenían que ver con lo paranormal. Esto se debe a que la Cuarta Dimensión era un tema que estaba en auge en todo el orbe, motivo por el cual ha perdido su sentido original como una teoría científica.

Esto explica por qué no todo religioso acepta abiertamente esta idea, y en algunos círculos cristianos la rechazan al relacionarla con una espiritualidad oriental mística, por decirlo de alguna manera, sumado a que las religiones orientales empezaban a ganar fama en Occidente como un modelo de religiosidad emergente que garantizaba la paz interior.

Pero la realidad es que Cho simplemente utilizó un término que estaba de moda en esa época para dar a conocer que la Cuarta Dimensión no era otra cosa que el mundo espiritual que presentaba la cosmovisión judeocristiana, ya que La Biblia, un libro al que casi un tercio de la población mundial considera como la norma de fe y conducta, habla de una fuerza espiritual que opera por encima del mundo terrenal.

Una de las historias más conocidas en el mundo más allá de la afinidad religiosa de cada individuo es la de David y Goliat. En efecto, cuando alguien hace referencia a este enfrentamiento lo hace en alusión a una tarea difícil de cumplir, ya que denota una situación de desequilibrio, una competencia en la que un oponente más débil y pequeño se enfrenta a un adversario mucho más grande y fuerte. Sin embargo, lo increíble de esta historia es que el pequeño termina venciendo al gigante.

Pero vayamos a la fuente para corroborar su veracidad. Saúl fue el primer rey que gobernó Israel. Era un hombre de gran estatura no obstante, cuando tuvo que enfrentar al ejército filisteo quedó paralizado. Ante esta situación, entró en escena un joven de unos 17 años, llamado "David", el menor de ocho hermanos, que era pastor de ovejas, poeta y músico. Del otro lado, estaba Goliat, un famoso guerrero de toda la vida, oriundo de Gat, que medía casi tres metros de altura. En pocas palabras, el resultado era obvio basado en el sentido común.

Ahora bien, como todos saben, David salió victorioso y, a partir de esta batalla, emergió como un prominente líder político a tal punto que la gente cantaba a viva voz: "Saúl mató a sus miles, ¡pero David a sus diez miles!" Pero lo que pocos conocen es cómo David aplicó el principio de la Cuarta Dimensión espiritual aquí, pues dijo: *"Tú vienes contra mí con espada, lanza y jabalina, pero yo voy contra tí en nombre del Señor, Dios de los ejércitos"* (1 Samuel 17:45).

Aquí es imprescindible leer entre líneas que el pequeño venció al gigante no porque tenía más fuerza física, poder político, experiencia en la vida, o influencia social, sino porque contaba con una energía espiritual que regía por encima de cualquier elemento natural. En otras palabras, si la tercera dimensión la entendemos como el mundo terrenal y la Cuarta Dimensión como la esfera espiritual, Goliat perdió la batalla porque se aferró a lo material, es decir, espada, lanza y jabalina, mientras que David atacó desde la Cuarta Dimensión espiritual al decir:

"En nombre del Señor", lo cual parece irrelevante al tratarse de algo invisible a los ojos físicos, pero que terminó inclinando la balanza a la hora de la verdad. Y, como hemos mencionado anteriormente, la realidad física de la tercera dimensión está envuelta en una sustancia más grande que es la fuerza espiritual, dicho en otros términos, la Cuarta Dimensión.

Conocer la importancia de las dimensiones aplicada a cuestiones de la vida cotidiana nos ayuda a ser exitosos y alcanzar la victoria. Durante la Segunda Guerra Mundial, en noviembre de 1943, el Imperio japonés había llevado una importante fuerza de cruceros a Nueva Guinea con el objetivo de realizar un combate nocturno contra el suministro de los aliados y sus naves de apoyo.

No obstante, los japoneses salieron derrotados en esa batalla contra los aliados de la Segunda Guerra Mundial, la cual se dio a conocer en el mundo como el *Bombardeo de Rabaul.* Pero ¿por qué? ¿A qué se debió el fracaso? Sucede que los aliados habían anticipado su maniobra al realizar un ataque aéreo contra la base japonesa de Rabaul. Como resultado, las fuerzas navales japonesas no lograron desembarcar en esa región. Aludiendo a términos de la física, los aliados ganaron la batalla, porque atacaron desde la tercera dimensión, mientras que los japoneses se conformaron con una defensa bidimensional.

A modo de conclusión, se podría afirmar que la Cuarta Dimensión viene a ser la fuerza espiritual que gobierna, mueve y transforma la realidad terrenal a partir de la cosmovisión judeocristiana que considera a Dios como fuente de toda la creación, y cree que lo visible no proviene de lo que se ve, sino de lo que no se ve.

Tres elementos que mueven la Cuarta Dimensión

Ahora bien, si la Cuarta Dimensión se trata de la esfera espiritual que está por encima del mundo terrenal, ¿cómo se logra acceder a esa dimensión mayor a los efectos de producir cambios en la realidad natural?

Aquí es importante partir bajo la premisa de que existen múltiples elementos a través de los cuales podemos tener acceso a esa dimensión sobrenatural. En efecto, en mis conferencias doy a conocer otros elementos como la autoimagen, el deseo, la convicción, la voluntad, la fe, la esperanza, el amor, y la honra, entre otros, pero se podría sintetizar diciendo que existen tres elementos básicos a los que todo ser humano debe recurrir si anhela ver un cambio en este mundo sensorial, físico y material.

1) Mentalidad

En principio, el cambio de mentalidad es clave en la transformación socioespiritual. La batalla cultural de una sociedad se inicia a partir de un cambio en la manera de pensar. Cuando se tocan ciertos temas como la cosmovisión, el paradigma, la filosofía, la ideología, la imaginación, la concepción, la creencia, la corriente de pensamiento, el punto de vista, la convicción, e incluso la cultura, todo confluye en un embudo llamado "modo de pensar", es decir, la mentalidad.

Según los expertos en el tema, hay más de 300 pasajes bíblicos, tanto en el Antiguo Testamento como en el Nuevo Testamento, que están ligados a la importancia del modo de pensar, o a la mentalidad propiamente dicha. Veamos algunos de esos pasajes.

"Porque cual es su *pensamiento* en su corazón, tal es él" (Proverbios 23:7, RVR1960).

"Aunque él no lo *pensara* así, ni su corazón lo *imaginara* de esta manera, sino que su *pensamiento* será desarraigar y cortar naciones no pocas" (Isaías 10:7, RVR1960).

"Limpia de malicia tu corazón, Jerusalén, para que seas salva. ¿Hasta cuándo durarán en tí tus *pensamientos* torcidos?" (Jeremías 4:14, *Biblia de Jerusalén*).

"Como resultado, saldrán a la luz los *pensamientos* más profundos de muchos corazones, y una espada atravesará tu propia alma" (Lucas 2:35, NTV).

"No imiten las conductas ni las costumbres de este mundo, más bien dejen que Dios los transforme en personas nuevas al cambiarles la *manera de pensar*" (Romanos 12:2, NTV).

"Y ahora, amados hermanos, una cosa más para terminar. Concéntrense en todo lo que es verdadero, todo lo honorable, todo lo justo, todo lo puro, todo lo bello y todo lo admirable. *Piensen* en cosas excelentes y dignas de alabanza" (Filipenses 4:8, NTV).

En síntesis, Las Sagradas Escrituras dan a entender que nuestra manera de pensar produce resultados tangibles. En fin, el ser humano lleva a cabo sus acciones basándose en sus pensamientos.

A continuación, propongo poner en práctica tres maneras de pensar en cuanto a la transformación socioespiritual.

1. Pensar en positivo

Cho insiste en la idea de que Dios es un Dios bueno. Esta afirmación no se trata de un positivismo infundado o un optimismo ciego, sino basado en los textos: *"¡Den gracias al Señor, porque él es bueno!"* (Salmo 106:1, NTV) y *"Pues yo sé los planes que tengo para ustedes. Son planes para lo bueno y no para lo malo, para darles un futuro y una esperanza"* (Jeremías 29:11, NTV). Asimismo, Jesús presenta a un Dios bueno como el Padre que está en los cielos, al decir: *"Pues si ustedes, aun siendo malos, saben dar cosas buenas a sus hijos, ¡cuánto más su Padre que está en el cielo dará cosas buenas a los que le pidan!"* (Mateo 7:11).

De acuerdo a las enseñanzas del Dr. Cho, es difícil comprender a partir del sentido común cómo, en el caso de dos personas que nacen en circunstancias similares, y reciben prácticamente la misma educación, una termina siendo exitosa y otra fracasada, y prosigue con su argumento al explicar la abismal diferencia que existe entre el "pensamiento ascendente" y el "pensamiento descendente". ¿De qué se trata esto?

Los evangelios sinópticos, es decir, Mateo, Marcos y Lucas, relatan una historia muy interesante en términos de cambio de mentalidad. Sucede que una gran multitud seguía a Jesús al presenciar señales milagrosas y sanidad de enfermos. De pronto, el Maestro le hizo una pregunta a Felipe para ponerlo a prueba: "¿Dónde vamos a comprar pan para que coma esta gente?", a lo que su discípulo le respondió: "Ni con el salario de ocho meses podríamos comprar suficiente pan para darle un pedazo a cada uno".

Y tenía razón, pues los evangelistas registran que había más de 5000 hombres sin tener en cuenta a mujeres y niños, con lo cual la cifra podría ascender a unas 20.000. Dicho de otro modo, Felipe se puso en modo negativo porque había concebido una "mentalidad ascendente", es decir, pensar a partir de la realidad de la tercera dimensión. Esto no es un detalle menor, ya que, cuando uno piensa desde su lugar, mirada y óptica, los recursos nunca son suficientes, el potencial es limitado, y no observa más allá de sus posibilidades.

Al instante, Andrés, hermano de Simón Pedro, dijo: "Aquí hay un muchacho que tiene cinco panes de cebada y dos pescados". ¿Qué quiere decir esto? Que confió plenamente en el poder y misericordia de su Señor. Es decir, no ponderó esta situación a partir de su posición, sino desde la mirada del que muchos creían que era el Dios encarnado. En esto consiste el "pensamiento descendente": no mirar las circunstancias como yo lo haría, sino como Dios lo haría.

En este sentido, llama mucho la atención cómo el joven pastor Cho presentó al presidente Park la idea de abrazar el cristianismo no como una religión, sino como un mensaje positivo que dice: "Sí, se puede". Como hemos visto en el capítulo anterior, el conjunto de frases del movimiento Saemaul tiene su trasfondo en las palabras de Jesús y de Pablo.

Hace 70 años, el pueblo coreano era negativo y pesimista a partir de una realidad totalmente desesperanzadora, pero la mentalidad positiva y optimista que presentaba la perspectiva bíblica cambió definitivamente el estilo de vida de cada ciudadano.

2. Pensar en grande

Lo segundo tiene que ver con pensar en grande. Hay un refrán muy conocido en mi país que dice: "Imagina un tigre, entonces, al menos dibujarás un gato". Según la cosmovisión judeocristiana, el universo es el producto de la creación, y no de la evolución como lo plantea el naturalista británico Charles

Darwin (1809-1882), y es inmensurable en términos de extensión. En el caso de que esto sea cierto, estamos en presencia de un ser omnisciente, omnipotente y omnipresente. De hecho, esto es lo que reflejan Las Escrituras, al decir: *"Grande es el Señor"* (1 Crónicas 16:25).

Cho Yonggi era un joven pastor a quien lo seguía mucha gente, sobre todo la clase popular obrera aunque, en aquel tiempo, la imagen que tenía un templo budista, una parroquia católica, o una capilla evangélica era pequeña en términos de dimensiones. De todos modos, las circunstancias no lograron condicionar el sueño de este líder.

Su fe lo llevó a adquirir un terreno en Yoido (o Yeouido) en 1968, una isla desértica carente de infraestructura que funcionaba como un aeropuerto militar, con la intención de edificar un templo con capacidad para 10.000 personas sentadas, lo cual no solo era algo impensado para la época, sino que, técnicamente, era imposible de construir, pues no había antecedentes de algo similar en todo el territorio nacional.

A pesar de todos los pronósticos y con la primera crisis del petróleo de por medio que había afectado a todo el mundo con un aumento del 300% del barril, se inauguró el nuevo templo el 23 de septiembre de 1973 en presencia de más de 18.000 asistentes. Dos años más tarde, se instalaría nada menos que el edificio de la Asamblea Nacional a metros de la iglesia, y con el tiempo se convertiría en el distrito financiero más importante de todo el país.

Algunos pensadores sostienen que el coreano pensaba en pequeño porque, históricamente, el país siempre ha estado amenazado por grandes civilizaciones como China y Japón, y se precisó desarrollar un pensamiento proteccionista. Además, al tratarse de la mitad de una península de apenas 100.000 Km^2

de extensión desde el conflicto militar, la estrecha superficie afectó de alguna manera a la población en su manera de pensar. Pues hasta hace poco, la única manera de conectarse con el mundo era por medio de un aeropuerto, fenómeno que no se dio hasta el 1 de enero del año 1989, fecha en que el Estado declaró la liberalización del transporte aéreo y marítimo al conceder el pasaporte a toda la ciudadanía para su libre circulación. En la actualidad, la República de Corea es uno de los 10 mercados de transporte aéreo más importantes del mundo, y un componente clave en el progreso y el desarrollo de la región, según ICAO (International Civil Aviation Organization).

Pero esta clase de limitaciones son las que impulsaron a los coreanos a ganar terreno en el extranjero y expandir su nivel de influencia a través del comercio exterior. El pueblo coreano necesitaba salir del *statu quo* para pensar en grande, tal como dicen las letras del tercer verso de la canción "Se puede vivir bien": "Las compuertas de la nación que estaban cerradas, hoy son abiertas al mundo".

Y esto es justamente lo que aconteció, como veremos a continuación con el ejemplo de Chung Ju Yung, fundador del grupo Hyundai, quien empezó a expandir su dominio comercial en Medio Oriente a mediados de la década del setenta.

3. Pensar creativamente

Por último, el cambio de mentalidad consiste en pensar creativamente. En una de las instalaciones del complejo de Hyundai Heavy Industries en la ciudad de Ulsan, se lee una frase de su fundador que dice: "Si no hay un camino, búscalo. Y, si no lo encuentras, haz uno". A decir verdad, esta frase está alineada a "Haz posible lo imposible", uno de los lemas subyacentes del movimiento Saemaul, cuyo origen se les atribuye a las Fuerzas especiales.

En esto consiste pensar de una manera creativa a la luz de la fe en el Creador, lo cual no da cabida a ningún tipo de excusas. *"Levanto la vista hacia las montañas; ¿viene de allí mi ayuda? Mi ayuda viene del Señor, quien hizo el cielo y la tierra"* (Salmos 121:1, NTV).

Un día del año 1975, el presidente Park había convocado a un grupo de empresarios para iniciar un proyecto que estaba vinculado a la construcción en Medio Oriente. El primer desafío consistía en construir 1,2 km de carretera en 40 días. En medio de esta hazaña, emergía Chung Ju Yung, conocido como *Eternal Challenger*, a quien el Gobierno saudí le había confiado la construcción del puerto industrial King Fahad conocido como *Jubail*, el cual sigue siendo al día de hoy uno de los puertos comerciales más grandes del planeta.

Este contrato era importante por lo que representaba en términos del PBI, pero no todo era de color rosa, pues las altas temperaturas que superaban los 45 grados centígrados y la ausencia de lluvia dificultaban la tarea. Es entonces cuando el fundador de Hyundai, que a mi entender es otro de los personajes que mejor entendió el mensaje del "Sí, se puede", dijo en un tono creativo: "En Corea, las lluvias no cesan y siempre se pone difícil, pero en Medio Oriente, al no llover, podemos acortar los plazos de una manera considerable... y, respecto al tema del calor, es cuestión de trabajar de noche cuando bajan las temperaturas". Efectivamente, los obreros trabajaban desde las 8 de la mañana hasta las 6 de la tarde, y luego de cenar, continuaban con doble turno hasta casi la medianoche. Ante la pregunta de cómo iban a conseguir los materiales, Chung respondió: "Medio Oriente está lleno de piedras y arena. Tan solo tenemos que llevar cemento. ¡Miren cuánta ventaja significa eso!".

Esta manera de pensar creativamente llevó al país a expandirse más allá de sus fronteras para alcanzar el récord histórico de 10.000 millones de dólares en materia de exportación en 1977. El ingenio de todo un pueblo puso en marcha a una economía que iba a causar asombro en el mundo con el correr de los años.

2) Sueños y visiones

Una de las enseñanzas más populares de Cho es: "Dime tu visión, y yo profetizaré tu futuro". Según la mirada de este religioso coreano, no es que uno moldea sus propios sueños y visiones, sino que los sueños y las visiones lo moldean a uno. Cho saca la idea de "sueños y visiones" a partir de la lectura de Las Sagradas Escrituras.

> "Donde no hay *visión*, el pueblo se extravía" (Proverbios 29:18).

> "Sucederá después de esto que yo derramaré mi Espíritu en toda carne. Vuestros hijos y vuestras hijas profetizarán, vuestros ancianos soñarán *sueños*, y vuestros jóvenes verán *visiones*" (Joel 3:1, *Biblia de Jerusalén*).

1. Definir una meta

¿Qué son los sueños y las visiones? En lo personal, lo defino así. "La realidad de la tercera dimensión es donde usted se encuentra ahora, mientras que los sueños y las visiones vienen a ser el lugar donde Dios quiere llevarlo". Por lo tanto, mientras más específica sea la meta, mejor.

Cho era un joven pastor al que le tocó servir a la sociedad en un contexto de absoluta pobreza a partir de 1958 en las afueras de la ciudad de Seúl. El libro *La Cuarta Dimensión 2* cuenta la historia de que, un día, Dios inquietó el corazón de Cho diciendo que sus rezos no obtenían respuesta, porque su petición no era específica.

Fue a partir de esa experiencia, luego de una frustración de haber rogado durante cuatro meses y no recibir nada, que salió de su habitación diciendo que estaba "embarazado" de un escritorio, una silla y una bicicleta. De repente, se convirtió en un objeto de burla por parte de los jóvenes de su propia congregación y todo el vecindario, que se acercaban a la capilla no en busca de algún milagro espiritual o asistencia social, ¡sino para ver al primer hombre embarazado de la historia!

No obstante, sentía en su interior que ya había recibido un escritorio hecho de caoba filipina, una silla con ruedas, y una bicicleta con cambios. Pero, ¡dicho y hecho! Al poco tiempo, estaba disfrutando de todo lo que había pedido.

"¡Edificaré la iglesia más grande del mundo, y viajaré por todo el mundo para anunciar las buenas noticias!", soñaba el joven Cho cuando su realidad evidenciaba que era pobre y desnutrido, que su iglesia era nada menos que una carpa que apenas se sostenía, y que nadie lo seguía.

Pero el tiempo le iba a dar la razón cuando, el 20 de febrero de 1993, el *Guinness Book of World Records* reconocía a Yoido Full Gospel Church como la congregación más grande del mundo con más de 780.000 miembros activos.

2. El principio de la visualización

La Biblia contiene una gran variedad de personajes que están estrechamente ligados a los sueños y a las visiones.

Abraham, a quien los judíos, cristianos y musulmanes lo consideran como "el" patriarca, es uno de ellos. Según el relato bíblico, Dios le concedió una visión, al decir: *"Deja tu tierra, tus parientes y la casa de tu padre, y vete a la tierra que te mostraré. Haré de tí una nación grande, y te bendeciré; haré famoso tu nombre, y serás una bendición"* (Génesis 12:1).

A partir de ese momento, Abraham empezó a soñar en grande, a pesar de su avanzada edad. Aquí es fundamental dejar asentado que los sueños y las visiones se materializan mediante el principio de la visualización. ¿Qué significa esto? Que uno ve hoy con los ojos espirituales lo que anhela ver mañana con los ojos físicos. Es decir, la visualización viene antes de la posesión. Ver es poseer.

Y de esto se trató la vida del padre de la fe, pues Dios lo instó a levantar la vista, y mirar hacia el Norte y el Sur, hacia el Este y el Oeste, anticipando que le daría toda la tierra que abarcaría su mirada. Más tarde, Dios lo llamó nuevamente para que mirara el cielo y contara las estrellas, y que así de numerosa iba a ser su descendencia.

Este principio de visualización se repite en la vida de Jacob, el nieto de Abraham, quien se quedó con una gran parte del ganado de su tío Labán al proponer que todas las ovejas y cabritos manchados o moteados, más todos los corderos negros iban a ser su salario (ver Génesis 30:31-43).

Asimismo, José salvó no solo a su familia de la hambruna de Canaán, sino que llegó a formar un pueblo grande a expensas de su relevante influencia política como el hombre más poderoso de todo Egipto después del Faraón. Pero toda esta aventura de fe empezó con un sueño cuando vio el sol, la luna y once estrellas inclinarse hacia su persona para hacer reverencias. José llegó a identificarse con los sueños y con las visiones de tal manera que sus hermanos llegaron a afirmar: *"Ahí viene el soñador"* (Génesis 37:19).

(3) Los sueños y las visiones son el lenguaje del Espíritu

El sueño es el otro nombre de la grandeza. Un grande lo es no por su portento físico o prodigioso intelecto, sino por la magnitud del sueño que concibe en su corazón. En este sentido, el sueño equivale a nacer de nuevo, pues uno aprende a hablar un nuevo lenguaje para entablar una comunicación con Dios. En efecto, otra frase popular que solía usar el Dr. Cho era "Los sueños y las visiones son el lenguaje del Espíritu".

En lo que respecta a los empresarios que dejaron un legado en la historia moderna de Corea del Sur, Kim Woo Choong (1936-2019), fundador del grupo Daewoo, viene a ser otro de los pilares que contribuyeron al progreso económico de Corea del Sur. Una de las frases que se le atribuye a Kim es "El mundo es extenso, y hay muchas cosas por hacer".

Si bien este conglomerado ya no existe más como grupo, en su momento fue reconocido como la firma de mayor crecimiento en la década del setenta y del ochenta a tal punto que llegó a incursionar en el rubro de la industria pesada, construcción, pesca, automotriz, telecomunicaciones, y electrónica, entre otros, y se convirtió en la cuarta empresa más importante del país. Aún hoy día, Daewoo existe como marca mediante las filiales en el extranjero que prefieren preservar la imagen como valor principal de la empresa.

En su libro *El mundo es tuyo, pero tienes que ganártelo*, hay una frase que se volvió muy popular entre la juventud surcoreana: "La historia pertenece a los que sueñan".

Con esto quiero decir que los sueños y las visiones se habían convertido en un nuevo lenguaje de la sociedad surcoreana a partir de la década del setenta. "¿Qué vas a ser cuando seas grande?" Esta no era una pregunta carente de sentido, sino que tenía una clara intencionalidad que era la de apuntar a un futuro brillante y lleno de esperanza.

No es ninguna casualidad que los grandes promotores del cambio socioespiritual se hayan caracterizado por sus sueños. Tal es el ejemplo de Martin Luther King Jr., quien dijo: "Tengo un sueño". Si hoy alcanzamos a ver más lejos es porque hemos estado sobre los hombros de grandes soñadores y visionarios que nos antecedieron en la historia de la humanidad. En este sentido, los sueños y las visiones son como un horizonte a seguir. Si es verdad que existe una tierra donde fluye leche y miel, ese será el sueño que habrá que conquistar. Visto desde este ángulo, Corea del Sur se ha convertido hoy en una fuente de inspiración para muchos países en vías de desarrollo.

Durante el movimiento Saemaul, se respiraba el aire de los sueños y las visiones en todo el país en términos de desarrollo económico y progreso social. Un día, el sueño de un país pequeño en superficie, pero inmenso en espíritu, se hizo realidad al posicionarse como una potencia mundial indiscutida, lo cual se asemeja más a una leyenda que a una realidad, pero es lo que el mundo reconoce hoy de este país asiático.

En 2002, cuando Corea del Sur organizó la Copa Mundial de Fútbol junto a Japón, se desplegó una bandera en una de las tribunas en el marco de uno de los partidos disputados por el conjunto local, que decía: "Dreams come true", es decir, "Los sueños se hacen realidad".

3) Confesión de la palabra

El tercer y último elemento que mueve la esfera espiritual es la confesión de La Palabra. Según la cosmovisión judeocristiana, el cosmos es un producto de La Palabra de Dios a partir del momento en que el Creador dijo: "Haya luz", y el ser humano es la única criatura del universo que ha sido dotado con la capacidad de hablar.

Este elemento recobra una importancia mayúscula en el sentido de que viene a ser la vestidura que se ponen los otros canales de la Cuarta Dimensión, como son la mentalidad y los sueños y las visiones. Las Escrituras no solo enfatizan el poder que hay en las palabras, sino que en estas, se descubre un hilo conductor que sigue a lo largo del Antiguo Testamento y el Nuevo Testamento empezando por la historia de la creación y la torre de Babel, y culminando en una fiesta llamada Pentecostés y la adoración celestial.

> "Ahora bien, díganles lo siguiente: tan cierto como que yo vivo, declara el Señor, haré con ustedes precisamente lo que les oí *decir*" (Números 14:28, NTV).

> "La lengua puede traer vida o muerte; los que *hablan* mucho cosecharán las consecuencias" (Proverbios 18:21).

> "De la misma manera, la lengua es algo pequeño que pronuncia grandes discursos. Así también una sola chispa puede incendiar todo un bosque. De todas las partes del cuerpo, la lengua es una llama de fuego... El ser humano puede domar toda clase de animales, aves, reptiles y peces, pero nadie puede domar la lengua. Es maligna e incansable, llena de veneno mortal. A veces alaba a nuestro Señor y Padre, y otras veces maldice a quienes Dios creó a su propia imagen. Y así, la bendición y maldición salen de la misma boca. Sin duda, hermanos míos, eso no está bien" (Santiago 3:5-10).

Jesús fue claro en advertir: "Cuando ustedes digan sí, que sea realmente sí; y, cuando digan no, que sea no. Cualquier cosa de más, proviene del maligno" (Mateo 5:37).

Ahora bien, ¿cómo era el vocabulario de la población coreana hace 70 años? Es interesante analizar al país desde esta perspectiva. Se supone que, en una sociedad culta, el valor de la palabra es el reflejo de la integridad de una persona y se considera como la extensión de uno mismo pero, aplicado al conjunto de la sociedad, nos brinda un panorama más amplio de la atmósfera espiritual que se percibe.

La realidad es que el coreano decía: "No puedo" *(I can't do it)*, "No se puede" *(It cannot be done)*, y "No va a funcionar" *(It won't work out)* sobre la base de una realidad cruel y circunstancias adversas siendo el país más pobre del mundo, y todo esto a pesar de que había un par de refranes que recordaban la importancia de la palabra: "Las palabras son como la semilla" y "Una palabra basta para cancelar la deuda equivalente a mil".

Si bien es verdad que la expresión "Me muero de" existe en casi todos los idiomas del mundo, como podría ser el caso de "Me muero de hambre", "Me muero de sueño" o "Me muero de frío", algunos lingüistas aseguran que el coreano es el que más abusa de este tipo de frases, al decir: "Me muero por tu belleza" o "Me muero de felicidad".

En el vocabulario cotidiano del ciudadano surcoreano, las conjugaciones del verbo "morir" son moneda corriente, por ejemplo, cuando alguien dice: "¿Quieres morir?" *(Do you want to die?)* o "estás muerto" *(you would die)*. Pero, en un contexto entre amigos íntimos, esto significa "No me molestes más", y lejos está de ser una amenaza de muerte o algo por el estilo. Una observación personal es que el promedio de la expectativa de vida de apenas 47,1 años en 1953 había condicionado la manera de hablar de toda la población que permanentemente relacionaba cualquier situación con la inminente muerte.

En este sentido, el movimiento Saemaum vino a transformar el lenguaje del pueblo coreano, ya que su lema se resumía en las siguientes frases: "Podemos hacerlo" *(We can do it)*, "Sí, se puede" *(It can be done)*, "Hagámoslo" *(Let's do it)*, lo cual era exactamente lo opuesto al vocabulario popular de la época, con lo cual este movimiento espiritual no solo irrumpió en términos del cambio de mentalidad, sino del lenguaje cotidiano. A mi entender, ningún líder social, sea político o religioso, hizo tanto hincapié en la importancia de cambiar el lenguaje como lo ha hecho Cho Yonggi.

Como se ha descripto detalladamente en el capítulo 4, el movimiento Saemaul se inició como fruto del encuentro entre el presidente Park y el pastor Cho, cuyo eslogan principal fue "Se puede vivir bien", el cual fue apoyado por otros dos lemas subyacentes que decían: "Sí, se puede", y "Haz posible lo imposible".

Antes de Saemaum	Después de Saemaum	Después de Saemaul
No puedo	Podemos hacerlo	Haz posible lo imposible
No se puede	Sí, se puede	Sí, se puede
No va a funcionar	Hagámoslo	Se puede vivir bien

Como habrá sospechado, el principio de la Cuarta Dimensión puede ser aplicada a nivel personal, grupal y/o nacional inclusive. El profundo cambio socioespiritual que experimentó

Corea del Sur como país fue gracias a que cada ciudadano aplicó estos principios a los efectos de vivir una vida mejor.

En síntesis, la batalla cultural que funcionó de fundamento para un desarrollo económico y progreso social sin precedentes, consistió en, primero, cambiar la mentalidad; segundo, concebir sueños y visiones; y, tercero, transformar el lenguaje de toda una población que estaba sumergida en pensamientos negativos y pesimistas, condicionada por las circunstancias cargadas de pobreza y desesperanza, y atada a un lenguaje autodestructivo.

A la luz de lo que se ha analizado, se podría decir que, en el caso de Corea del Sur, los principios espirituales terminaron de rendir frutos en formato de desarrollo económico y de progreso social. Es por eso que, cuando alguien estudia "el milagro del río Han", no puede dejar de aludir el fuerte respaldo espiritual que tuvo el exitoso movimiento Saemaul, con lo cual se podría afirmar a modo de conclusión que la ética y moral que sostienen el orden del país aún en el día de hoy tienen sus raíces en los valores espirituales.

PARTE 3

CAPÍTULO 06

Conexión espiritual

¿Por qué Latinoamérica?

En estos 20 años, he estado viajando por todo el continente brindando conferencias de transformación socioespiritual mediante el modelo de la Cuarta Dimensión. Y, en cada ciudad que he visitado, he dado lo mejor de mí para estrechar lazos de amistad y cooperación con profesionales, empresarios, y políticos con el fin de levantar una nueva generación de visionarios que unifiquen sus esfuerzos para el desarrollo económico y progreso social de sus respectivos países.

En medio de la ola del *K-pop*, me ha tocado interactuar con jóvenes influencers que se acercan por el simple hecho de que soy ciudadano "coreano" en un aeropuerto o un restaurante. Doy fe de que es un fenómeno social que se está viviendo en cada rincón de América Latina, con lo cual no tengo más que expresar mi gratitud por la gran admiración y cariño que manifiestan por la cultura coreana.

Pero aquí hace falta plantear un interrogante fundacional. ¿Por qué Latinoamérica? Esta incógnita no es menor, porque no solo se presenta de mi lado como orador, sino también por parte de la audiencia que se pregunta por qué debería prestar atención al discurso de alguien que viene del otro lado del mundo. Al final del día, ¿qué conexión existe entre Corea y Latinoamérica?

Pongo sobre la mesa esta inquietud porque estamos hablando de dos regiones totalmente dispares en términos geográficos que difieren en raza, idioma y cultura, con todo lo que eso engloba. Considero que una cosa es un mexicano disertando en Brasil, ya que, por lo menos, ambas naciones comparten la región, más allá del idioma que de todas maneras suena bastante similar. Adicionalmente, el continente americano ha mostrado históricamente una tendencia de asimilación para con la cultura estadounidense o europea, motivo por el cual la presencia de una cultura asiática como la coreana es completamente disruptiva.

Aquí estamos hablando de unas 10-12 h de diferencia en el huso horario, una cultura totalmente opuesta, y como si esto fuera poco, una distancia de 11.388 km en el caso de México, 17.399 en el caso de Brasil y 18.265 en el caso de Chile. En pocas palabras, las distancias no ayudan a forjar una relación de cooperación en conjunto.

Corea y Latinoamérica

Pero la modernización por parte de Corea del Sur a partir de 1960 y el fenómeno de la globalización han logrado acortar las distancias a través de aperturas de nuevos destinos en lo que respecta a vuelos comerciales, implementar relaciones diplomáticas mediante acuerdos culturales y de cooperación con los consulados y KOICA (Korea International Cooperation Agency) principalmente, y fortalecer vínculos comerciales a través de KOTRA (Korea Trade-Investment Promotion Agency) y TLC (Tratado de Libre Comercio).

Los hechos comprueban esta mirada. Primero, la apertura de embajadas en ambas regiones. El primer Consulado de la República de Corea en América Latina ha sido instalado en Río de Janeiro, Brasil, en 1959 y, a partir de ese momento, se abrieron otras embajadas casi de manera simultánea. Tal es el caso de Argentina, México y Chile en 1962, y de Perú en 1963, hasta llegar a todo el continente (exceptuando Cuba), lo cual ha fortalecido significativamente los vínculos bilaterales.

Segundo, la firma de convenios de cooperación. La presencia de KOICA (Korea International Cooperation Agency) en 13 países (Bolivia, Colombia, Costa Rica, Cuba, Ecuador, El Salvador, Guatemala, Haití, Honduras, Nicaragua, Paraguay, Perú, República Dominicana), lo cual representa una inversión de más de 4 millones de dólares promedio por país solo en América Latina, acuerdos de hermandad de distintas universidades, y la Asociación de Estudios Coreanos, es un claro ejemplo de intercambio cultural.

Tercero, los acuerdos comerciales. Actualmente, KOTRA (Korea Trade-Investment Promotion Agency) tiene sede en 12 países (Argentina, Brasil, Colombia, Cuba, Chile, Ecuador, Guatemala, México, Panamá, Paraguay, Perú, República Dominicana) a lo largo del continente, y trabaja intensamente con los Gobiernos locales para fortalecer las relaciones comerciales, las cuales no solo se limitan por parte de Corea del Sur en tecnología, y Latinoamérica en materia prima, sino que se han extendido a otros rubros como Energía, Minería e

Infraestructura. Como si esto fuera poco, Corea del Sur mantiene el TLC (Tratado de Libre Comercio) con Colombia, Costa Rica, Chile, El Salvador, Honduras, Nicaragua, Panamá, y Perú.

¿Pero qué implican estos acuerdos en la vida del ciudadano común? Significa que el coreano, al otro lado del mundo, se ve beneficiado por un bien de mejor calidad y de menor precio, como es el caso de la cereza chilena, el vino argentino, o el café de origen colombiano, y que de este lado del planeta, el latinoamericano goce de productos de lo último en tecnología como puede ser un teléfono inteligente Samsung *Galaxy*, un Smart TV LG, o un carro de la marca Kia.

Hace muchos años, en mi primera visita a Lima, aproveché la ocasión para preguntarle a un taxista: "¿Por qué optó por un automóvil coreano?". Y, a diferencia de otros testimonios que había oído de que los carros coreanos han tenido mala fama en la década del ochenta y del noventa, el hombre me presentó un panorama totalmente distinto.

Me dijo: "Antes tuve un Daewoo Tico, hice miles de kilómetros, y luego me compré otro, y este es el tercero. La experiencia de usuario fue estupenda". Pregunté si no estaba exagerando, ya que se trataba de un carro del segmento A, con motor de 3 cilindros de apenas 47 caballos de fuerza, y me respondió en un tono de absoluta franqueza: "Para nosotros, el pueblo peruano, el Tico representó en los noventa un progreso económico increíble". Se sabe que, debido a su bajo costo de mantenimiento, este carro de manufactura coreana gozó de mucha popularidad en países como Colombia y Perú, y mejoró notablemente la movilidad urbana.

Esta experiencia me llevó a pensar en la profunda penetración que tuvo la economía surcoreana en Latinoamérica aun mucho antes de que llegase la ola coreana que causa furor sobre todo en las mujeres y en la juventud. En fin, hay una gran expectativa de que esta relación, en la que los dos ganan y salen beneficiados por lo que las partes pueden ofrecer, sea fortalecida en los próximos años a medida que vayan surgiendo una mayor cantidad de vínculos diplomáticos, comerciales y culturales.

Hermandad de sangre

Pero, francamente hablando, hasta aquí alguien puede pensar, y con razón, que se trata de una mera recopilación de información que está disponible en internet, y está en lo cierto. Ahora bien, volviendo a la pregunta inicial de por qué Latinoamérica, y siendo honesto con el lector, yo tampoco tuve una convicción plena a lo largo de estos 20 años.

¿Qué es lo que nos une a pesar de las distancias?

¿Cuál es el factor que nos hace "amigos", a pesar de las diferencias?

Hablando de transformación socioespiritual, ¿acaso no habrá algo más detrás del telón que debamos explorar?

En esta instancia, veo apropiado contar una anécdota, y quizás esto sea lo que diferencie a este libro de todos los demás que se han publicado en el pasado y que se escribirán en el futuro acerca de Corea del Sur. De hecho, este es el motivo capital que me impulsó a plasmar mis ideas en este material didáctico y dejarlo como un legado cultural para futuras generaciones.

En un viaje reciente a mi país natal, estuve de visita en el War Memorial of Korea, que viene a ser el museo memorial de la Guerra de Corea, el cual está ubicado en pleno centro de la ciudad de Seúl. A decir verdad, lo había visitado hace más de

25 años con un grupo de amigos de la universidad. Y recordaba unas columnas ubicadas en la entrada del edificio central en donde había unas placas de bronce con el nombre de todos los muertos en combate.

El saldo de la Guerra de Corea fue, sencillamente, escalofriante. En cuanto a soldados, murieron 178.899, se lesionaron 555.022, y desaparecieron 42.769 personas, sin tener en cuenta a civiles. Como si esto fuera poco, hubo 3.200.000 refugiados (en los que está involucrada la familia de mi padre que se instaló en el Sur), 300.000 viudas, y 100.000 huérfanos.

Pero, detrás de estos números fríos, está incluida la cantidad de soldados que en representación de la ONU (Organización de las Naciones Unidas) lucharon por la paz, libertad y democracia de la República de Corea, que en total han sido 1.938.330, a lo que, si se le suma el personal médico de 2168, arroja una cifra de 1.940.498 personas.

Sobre la base de los datos oficiales, murieron 40.670, se lesionaron 104.280, y desaparecieron 9931 personas provenientes de las Fuerzas Armadas de la ONU (Organización de Naciones Unidas).

Lo verdaderamente increíble de esta trágica historia es que en esta lista de muertos en combate están los Pérez, los Díaz, los González, los López, los Gómez, los Gutiérrez, los Muñoz, los Rodríguez, los Rojas, los Torres, es decir, soldados latinoamericanos que lucharon y entregaron sus vidas por la causa de la paz y libertad de Corea del Sur.

A continuación, quisiera dedicar el siguiente espacio a todos aquellos que dieron sus vidas por la nación de Corea con todos los honores y respetos que merecen, y estos son, en orden alfabético:

Acevedo Parra Ovidio,
Acosto Yanez Manuel,
Agaton Pérez Miguel Antonio,
Agudelo Alfonso Guillermo,
Aguilera Jiménez Eduardo,
Almeida S. Laureano,
Alvarado Luis Alberto,
Alvarez Fonseca José de Jesús,
Alvarez G. Danilo,
Alzate Alfonso de J.,
Amaya Sanchez Dioselino,
Angel F. José A.,
Angulo M. Luis P.,
Aragón B. Francisco,
Arango Quintero Rodrigo A.,
Arbelaez E. Libardo,
Argaez C. Agustín,
Ayala D. Jesús E.,
Barandica Echeverry Roberto,
Barbosa T. Epaminondas,
Barón Reyes Domingo,
Bautista P. Roberto,
Becerra Cifuentes Enrique,
Becerra Morcotes Segundo A.,
Bedoya T. Roque Arcadio,
Bejarano B. Lisandro,
Belalcazer Ahumada Segundo G.,
Beltrán G. Juan A.,
Beltrán Garzón Juan Agustín,
Bernal Baquero Luis Alejandro,
Bolaños C. José Guillermo,

Bravo Martínez Carlos,
Breneisder Ayala Julio,
Buitrago Roncacio Pedro I.,
Burgos Salazar Gustavo,
Calvo Salazar Fabio Luis,
Cano González Humberto A.,
Casallas Ch. Pedro Pablo,
Cascante Parra Jesús María,
Castellanos Calixto Francisco,
Castro C. Aquileo,
Castro Lucio Bolívar,
Cobo Solarte Mario,
Contreras Suarez Rafael,
Correa Calle Manuel Salvador,
Correa Restrepo Luis Hector,
Cruz Herrera Oliverio,
Cubillos Chacón Eliecer Albino,
Delgado Sarmiento Silvio,
Díaz B. Pedro Pablo,
Díaz Félix,
Díaz Florez José Rosario,
Díaz Ordoñez Jovino,
Díaz Rincón Severo,
Duque Mejía Alfonso,
Echavarría Restrepo Horacio,
Echeverry Bermúdez Camilo,
Escobar R. Fernando,
Estupiñán Lorenzo H.,
Fernández M. Ulises,
Florez Roncancio José A.,
Fonseca Víctor Manuel,

Franco E. Ramiro,
Galindo A. Gabriel,
García Sánchez José Eduardo,
Garizabalo Rosado Luis A.,
Garzón V. Nicolás,
Gil Garzón José Vicente,
Gómez A. Gervasio Antonio,
Gómez Bermúdez Miguel Antonio,
Gómez L. Pastor,
Gómez Romero Juan de J.,
Gómez V. Alfonso,
González C. Gustavo,
González Luis Francisco,
González Richardo de J.,
González Varela Ernesto,
Guevara N. Alfredo,
Gutiérrez A. Ignacio,
Gutiérrez Camargo Julio César,
Gutiérrez Parra Pedro Jesús,
Guzmán Benjamín Alirio,
Henao L. Mario de J.,
Hernández Salazar Eusebio,
Herrera A. Cipriano,
Herrera Villalobos Jorge,
Hidalgo Luján José Joaquín,
Hoyos Osorio Jesús Evelio,
Hurtado Daniel Alfredo,
Hurtado Hurtado Daniel,
Isaza Henao Carlos Arturo,
Jaramillo B. José Libardo,
Jiménez Roncancio Horacio,

Ladino Franco Manuel,
Lamilla Aviles Hernando,
Landinez Galvis Antonio,
Laverde González Tomás,
Leguizamón M. José Teodoro,
León Pinto Bercelino,
Londoño M. Damián Octavio,
Londoño M. Luis Bernardo,
López A. Víctor M.,
López N. Abraham,
López Ríos Otoniel,
López Valencia Gabriel Angel,
Macías Zapata José Delio,
Mahecha Gutiérrez Jesús María,
Maldonado Gómez Alberto,
Manrique José M.,
Manrique Maldonado Marco A.,
Manzano T. Marco A.,
Marín Ríos Julio C.,
Marroquín Gabriel,
Martínez Luis Alfonso,
Martínez M. Antonio,
Marulanda Ramón Antonio,
Matoma Marcelo,
Medina M. Luis A.,
Melgarejo P. Guillermo,
Mena Pino Plinio,
Mesa A. Juvenal,
Mogollón B. Alfonso,
Molano Pedro José,
Molina Henao Ramón de Jesús,

Monsalve C. Abraham,
Montañez S. Rafael A.,
Mora de Castro Lázaro,
Morales Cuartas Aicardo A.,
Morán Sergio A.,
Morera M. Juan de Jesús,
Mosquera Fernández Pedro Nel,
Motta Quimbaya José Joaquín,
Munar Barrera Hector Julio,
Muñoz C. Gildardo,
Muñoz Luis Enrique,
Muñoz R. Alvaro,
Murcia P. Floresmiro,
Murcia Saúl,
Narváez M. José J.,
Navarro Rodríguez Daniel,
Niebles N. Nicolás Rafael,
Nino Dionisio G.,
Obregón C. Víctor,
Olaya V. Alfredo,
Osejo Tomás A.,
Osorio Salazar Azael,
Osuna Ramírez Alvaro,
Otalvaro P. José,
Parra Rincón Armando,
Pedraza Juan de Jesús,
Pena Sánchez Carlos,
Pérez G. Miguel,
Pérez Ojeda Antonio José,
Pérez Puerto Efraím,
Poveda C. Florentino,

Prado S. Oscar,
Pulido P. Eduardo,
Quiñones Mesa José Vincente,
Quirama Montoya Ramón Elías,
Ramírez Delgado José Kelerman,
Ramírez Esguerra Héctor,
Ramos Henao Helio de Jesús,
Reina M. Eccelino,
Restrepo E. Mariano,
Rico B. Manuel Salvador,
Rincón Restrepo Juan de J.,
Rivera Alegría José Rafael,
Rivera Bedoya Gilberto,
Rivera Hermogenes,
Roa Aguirre Neftalí,
Rodríguez B. Juan de los Ríos,
Rodríguez Giraldo Rodrigo,
Rodríguez Nieto Armando,
Rodríguez R. Adolfo,
Rodríguez R. Jorge Enrique,
Rojas Gómez Fabio,
Rojas Márquez Juan Bautista,
Rojas Rincón Fabio,
Rojas Robles Luis A.,
Rojas Sanchez Juvenal,
Romero González Angel María,
Romero H. Félix,
Rueda Amaya Hernando,
Ruíz Joya Luis Francisco,
Sánchez G. Luis A.,
Sánchez García Oliverio,

Sánchez Gómez Gonzalo Alirio,
Sanin Romero Francisco,
Santamaría Quintero Alejandro,
Sepúlveda C. Luis A.,
Sierra S. Miguel,
Silva Rodríguez José Alfonso,
Solano Mesa Juan,
Solano Pachón Jorge,
Suárez Posada Braulio,
Sutaneme Juan de J.,
Tobio José M.,
Toro Arias José Cenen,
Torres D. José D.,
Torres Forero Gustavo,
Torres Rodríguez Próspero,
Trejos Hoyos Marco Julio,
Triana Arguello Luis Alfredo,
Trujillo Cerquera Jacob,
Urena R. Neftalí,
Uribe Betancourt Honorio,
Uribe Jaime,
Valek Moure Vladimir,
Valenzuela Gómez Manuel,
Villamil Lorenzo,
Villamizar Sandoval Federico,
Zapata H. Carlos E.

La lista oficial no distingue la "ñ" ni la tilde, razón por la cual he apartado el tiempo suficiente para escudriñar en los nombres y apellidos con el fin de presentar al lector el formato más prolijo posible. Sin embargo, esto no quita que pueda haber algún error u omisión involuntaria.

Estos datos son oficiales, pero hay muchos más que murieron con la bandera de los Estados Unidos, pero que eran de origen latino, caso puertorriqueños, o mexicanos y centroamericanos del Estado de California, solo por citar algunos ejemplos. Hay un reporte de *Latin Plaza* que, para el año 1990, el número de soldados mexicanos que habían participado del *Korean War* y que estaban con vida no descendía de los 100.000, así como también hay informes que dicen que el 10% de los 1.789.000 soldados estadounidenses eran de origen hispano. Es decir, hay muchos más.

Según el libro *Colombia en la Guerra de Corea: la historia secreta,* de A. Valencia y J. Sandoval, solo por parte de los colombianos, hubo 639 bajas en combate, 163 muertos en acción, 448 heridos, 28 prisioneros que fueron canjeados en la paz, y 47 desaparecidos.

De todos modos, estos números no reflejan el apoyo mayúsculo que ha brindado el Gobierno colombiano a las tropas de la ONU (Organización de Naciones Unidas), ya que, conforme a una publicación de A. Ruiz en 1956, titulada *El Batallón Colombia en Korea 1951-1954,* la tropa inicial que zarpó de la costa de Cartagena hacia San Diego, California, estaba compuesta por un total de 1060 hombres (45 oficiales, 215 suboficiales y 800 soldados), y luego se sumaron más de 4000 hombres para reforzar el batallón.

En síntesis, la cantidad extra oficial de soldados latinoamericanos que participaron de la guerra, y terminaron muertos, heridos o desaparecidos asciende de manera considerable. Y las cifras oficiales pueden variar según la fuente.

Tuve el placer de hablar personalmente con la persona encargada de registrar esta lista, la cual, a partir del 2010, está totalmente digitalizada, y su rol consistía en contactarse periódicamente con los funcionarios competentes de todos los países que habían participado de la guerra, y me contó que, para su sorpresa, el número de muertos ascendía todos los años. Es decir, estamos hablando de soldados que habían quedado lesionados, pero que, al volver a sus respectivos países, murieron al cabo de poco tiempo como consecuencia de la guerra (como puede ser el caso del trastorno de estrés postraumático).

Conexión espiritual

Reformulo la pregunta fundacional: ¿qué conexión hay entre Corea y Latinoamérica? Como dijo una conductora de noticias de KBS (Korean Broadcasting System): "Cuando se habla de Latinoamérica, pensamos que es una región muy lejana y desconocida que no tiene nada que ver con nosotros. Sin embargo, cuando tomamos dimensión de lo que ocurrió hace 70 años, nos damos cuenta de que son gente muy cercana a nosotros".

Todo da un giro de 180 grados cuando uno descubre que existe un vínculo que va más allá de alguna simpatía diplomática, acuerdo comercial, o intercambio cultural. Nos unen el amor por la paz, la lucha por la libertad, y el aprecio por la democracia pero, sobre todas las cosas, nos une una conexión profundamente espiritual, porque hubo sangre derramada.

En el caso de Colombia, la República de Corea selló la alianza de "la hermandad en sangre" en 1962. Aunque, para ser justos y equitativos, y ponderando estos apellidos que están dispersos a lo largo y ancho de todo el continente, esta conexión se extiende, lógicamente, a toda la región latinoamericana.

Para enriquecer esta información, es menester hacer memoria y no pasar por alto aquellos países que brindaron su apoyo tanto diplomático como material. En base a fuentes de CRIK (Civilian Relief in Korea), UNKRA (United Nations Korean Reconstruction Agency), y ERP (Emergency Relief Program), estos países son por orden alfabético.

País	Año	Monto	Tipo de ayuda	Organismo
Argentina	~1952.5	$500.000	Alimento, medicamento y material sanitario	CRIK
Costa Rica	1951	$1400	Material	CRIK
Cuba	~1951	$270.962	Alimento y medicamento	CRIK
Chile	~1954.8	$250.000	Finanza	UNKRA
Ecuador	1951	$99.441	Alimento	CRIK
El Salvador	~1953.12	$500	Finanza	UNKRA
Guatemala	1951	$7704	Finanza y madera	UNKRA
Honduras	~1952.12	$2500	Finanza	UNKRA
México	1951	$348.821	Alimento	CRIK
Panamá	~1952.12	$3000	Finanza	UNKRA
Paraguay	1951	$10.000	Finanza	UNKRA
Perú	~1954.8	$58.723	Botas	ERP
República Dominicana	~1953.6	$275.200	Finanza	UNKRA
Uruguay	~1953.12	$250.780	Finanza	ERP
Venezuela	~1951	$180.842	Medicamento y finanza	CRIK

Por razones obvias, estas cifras responden a la época que dista mucho del presente. Según el CPI (Consumer Price Index), administrado por US Bureau of Labor Statistics, que viene a ser uno de los indicadores que calcula la inflación estadounidense, se aconseja multiplicar estos números por 10 como mínimo, lo cual da como resultado un total de 5.841.231.06 dólares en el caso de Argentina, y de 4.153.757.77 dólares en el caso de México.

En esta lista de países latinoamericanos, es justo mencionar también a Bolivia, Brasil y Nicaragua, que manifestaron su apoyo humanitario, aunque este nunca se efectivizó.

En mis conferencias, hay veces que pregunto al auditorio a qué se debió que cientos y miles de latinoamericanos se trasladaran a un lugar tan remoto para abandonar sus vidas por un país desconocido, y la realidad es que la inmensa mayoría, al desconocer la historia, no sabe qué responder. Por tanto, y a modo concluyente, la única forma de explicar la conexión que hay entre Corea y Latinoamérica es la mirada espiritual.

Esta perspectiva me abrió los ojos y revolucionó mi manera de pensar, y pude entender por qué Corea del Sur tiene más afinidad con ciertos países aun cuando la ecuación parece producir déficit. Ahí mismo entra en función la mirada socioespiritual, porque uno no puede entender todo lo que acontece en lo social y/o económico sin ir más lejos y ponderar en la esfera espiritual.

Si hoy Corea del Sur es un país que goza de la paz y de la libertad, es democrática en su forma de gobierno, en el que cada ciudadano puede progresar con el esfuerzo de sus manos, es porque el mundo, y en especial un centenar y millar de gente de bien procedente de esta región latinoamericana, dio su vida y luchó para que Corea del Sur ponga sus bases firmes y apunte alto para llegar a ser lo que es hoy. Definitivamente, el derramamiento de sangre, el cual es un factor insustituible, no fue en vano.

En consecuencia, la República de Corea se encuentra en deuda desde hace más de 70 años, y el Gobierno no ha cesado de desarrollar programas de cooperación de carácter financiero, educativo y cultural en todos estos años de forma intencional a través del Ministry of Patriots and Veterans Affairs, y otras entidades.

Al presente, el pueblo coreano es elogiado por sus gestos de generosidad a tal punto que el Primer Ministro de uno de los países que han participado en la guerra, llegó a reconocer: "No conozco a ningún país en el mundo que exprese su gratitud como Corea del Sur", puesto que estos puentes diplomáticos aportan al bienestar social, incrementan la calidad de vida, y ayudan a construir en conjunto un mundo mejor.

La Cuarta Dimensión en Latinoamérica

Esto es justamente lo que estuvo haciendo el Dr. Cho desde fines de la década del setenta, incluso en América Latina. De acuerdo a los registros de DCEM (David Cho Evangelistic Mission), el coreano más famoso de la historia moderna de la República de Corea, realizó eventos multitudinarios en este continente. Fue recibido con todos los honores por el presidente Raúl Alfonsín (1927-2009) de Argentina en 1987, Fernando Henrique Cardoso de Brasil en 1997, Jorge Serrano Elías y Oscar Berger Perdomo, ambos presidentes de Guatemala en 1992 y 2004 respectivamente, entre otros mandatarios.

Fecha	Países	Asistencia
15.01.1979	Guatemala, Costa Rica, El Salvador, México	
19.09.1984	Perú, Venezuela	
10.03.1987	Argentina	
15.03.1989	Brasil	80.000
23.01.1991	Panamá, Colombia	30.000
09.02.1992	Guatemala	80.000
18.03.1992	República Dominicana	15.000
14.02.1993	Nicaragua, México	
09.03.1994	Chile, Paraguay	210.000
25.09.1997	Brasil	1.500.000
14.11.2002	Honduras, El Salvador	115.000
28.10.2004	Guatemala	20.000

Esta información no es menor, ya que explica el entrañable lazo de amistad de índole espiritual que une a Corea y a Latinoamérica, con la ayuda humanitaria de un lado y el mensaje de transformación socioespiritual por otro. Y esta acción de cooperación sigue en pie aún en el día de hoy.

En lo personal, me siento totalmente identificado y estoy alineado con estos proyectos de cooperación y, en efecto, esto es lo que me moviliza a luchar por la paz y a esforzarme para el desarrollo y progreso de toda Latinoamérica. Siete décadas atrás, mis hermanos latinoamericanos han viajado para luchar con nosotros cuerpo a cuerpo, y ahora es mi turno como ciudadano coreano de cancelar esta deuda, pero a su vez entiendo que esta relación está por encima de cualquier apoyo diplomático, acuerdo comercial o intercambio cultural, ya que es de carácter espiritual. Es por esta justa y honorable causa que me encuentro sembrando en este continente el mensaje de transformación socioespiritual de la Cuarta Dimensión.

Latinoamérica está a un paso de un gran sacudón socioespiritual. La gran riqueza tanto material como espiritual que se halla a lo largo del continente está en un punto de ebullición. El mundo entero observa con mucha atención lo que acontece en esta parte del mundo.

¡Hay un cambio de aire en la atmósfera espiritual!

CAPÍTULO 07

Agentes de esperanza

¡Latinoamérica está preparada!

Estoy radicado en esta parte del continente desde el año 2004. Un día estaba de paseo por la ciudad de Buenos Aires con la mujer quien hoy es mi esposa. Me detuve en el medio del *Puente de la Mujer* y, posando mi mirada hacia el Sur, exclamé desde lo más profundo de mi ser:

> "¡Latinoamérica está preparada para oír el mensaje de transformación de Corea del Sur!".

Fue un momento tan espiritual que no encuentro los vocablos adecuados para explicar esto. Pero lo increíble de esta historia es que, a partir de ese momento, no dejé de viajar por todo el continente para compartir el mensaje de transformación socioespiritual mediante el modelo de la Cuarta Dimensión. Y pienso que vale la pena recordar que, en ese tiempo, Corea del Sur todavía no era considerada como un país del Primer Mundo, así como tampoco lideraba la cultura global con *K-pop* o *K-dramas*. En esta instancia, lo único que puedo decir es que hubo una mano invisible obrando a mi favor.

Al visitar distintas partes de este maravilloso continente, muchos líderes me han manifestado su preocupación por la decadencia económica y desmoronamiento moral de sus respectivas comunidades. Cuando uno observa el nivel de corrupción y los índices de pobreza e injusticia social, no puede dejar de fruncir el ceño, sobre todo como extranjero, al ver tantos recursos naturales, diversidad racial, riqueza cultural, etc., dado que mi percepción es que existe una realidad paralela entre lo que "es" y lo que "podría ser", la cual no deja de ser una paradoja.

Desde otra perspectiva, en la mayoría de los casos, me causa pena porque es una cuestión de interpretación. No estoy seguro de si los habitantes de la Patria Grande son conscientes de la gran riqueza que hay en estas tierras. Hace muchos años, cuando todavía me estaba adaptando a mi nueva vida en Latinoamérica, tuve una experiencia muy particular. Sucede que había adquirido un artículo para mejorar el confort de mi rodado. Y el hombre se había acercado hasta el garaje de mi casa para instalarlo en persona. En un momento dado, se dio vuelta, me miró a los ojos, y me preguntó:

> "Y usted, ¿por qué ha venido a este país?".

Este interrogante me tomó por sorpresa, dado que no tenía una respuesta preparada que fuera políticamente correcta. Y en esa milésima de segundo, mientras intentaba escoger entre un abanico de opciones que iban desde "Me gusta el clima", o "Me encanta la gente", hasta "Es que la comida aquí es muy especial", el hombre volvió a darme la espalda para continuar con su trabajo. De forma repentina, se respondió a sí mismo:

> "Ah, ahora entiendo. Es que ustedes vienen aquí porque ven la riqueza que hay en este lugar, mientras que nosotros nos queremos ir de aquí porque vemos la pobreza que hay en este país".

Esta experiencia me dejó pensativo. Sucede que no todo gira en torno a la posesión material, sino que depende también de con qué ojos observamos nuestro entorno. Según el índice global de la felicidad, Bután, ubicado al Sur de Asia en la cordillera del Himalaya, es uno de los países más felices del mundo de modo tal que mide su PBI sobre la base de la felicidad de sus habitantes. Con esto quiero decir que existen otros factores que determinan la calidad de vida y el bienestar general.

En este sentido, si uno observa a Latinoamérica con las lentes de la esperanza, pienso que es el continente que cuenta con mayor potencial de crecimiento para los próximos 100 años. Hoy el mundo está prestando mucha atención a todo lo que acontece en esta parte del mundo por la gran abundancia que existe en materia de agricultura, pesca, ganadería, y minería, entre otros rubros. Sumado a esto, la ausencia de conflictos bélicos lo hace más atractivo aún no solo en términos de inversiones, sino incluso desde el punto de vista turístico.

Es por eso que me atrevo a decir que la cuestión es profundamente espiritual, y que los valores socioculturales que propone la cosmovisión judeocristiana son el camino a seguir. Como veremos más adelante, la idea no es repetir el modelo coreano en esta región, sino asegurar el respaldo espiritual que permitirá el despegue definitivo de las naciones en este continente. No es mi intención persuadir de que tenemos que ser de centroizquierda o debemos simpatizar con las ideas del libre mercado a cualquier costa. Las medidas políticas estarán sujetas al contexto de cada situación en particular, pero lo que no se puede cambiar son las cuestiones de fondo.

Respaldo espiritual

El movimiento Saemaul es reconocido no solo en círculos académicos, sino también galardonado por instituciones como la UNESCO (Organización de las Naciones Unidas para la Educación, la Ciencia y la Cultura), la cual consideró a la República de Corea como el "primer" y "único" país del mundo en convertirse de un país receptor de ayuda a un país donante en 2009 y, además, condecoró a dicho movimiento como Patrimonio Cultural de la Humanidad en 2013.

Tal es el efecto de este movimiento de desarrollo socioeconómico que hay un informe que dice que se ha expandido a más de 21 países y de 94 ciudades. Tan solo desde 2009 hasta 2022, han participado más de 12.567 líderes provenientes de más de 74 países que han tomado el compromiso de implementar el modelo coreano. En Uganda, por ejemplo, hay testimonios impactantes de cómo un pueblo que no tenía ni siquiera agua potable hoy se ha convertido en un centro educativo del movimiento Saemaul a tal punto que ha recibido la visita de más de 360 pueblos aledaños. En el caso de Latinoamérica, Colombia, Ecuador y Perú son los que están a la vanguardia de este cambio socioeconómico.

No obstante, hay que tener en claro que, si este modelo de desarrollo económico y progreso social no es respaldado por una fuerza espiritual, de poco sirve. Cuando hago mención de la importancia de darle una mirada socioespiritual en mis conferencias, la gran mayoría coincide en que debe surgir un cambio cultural de fondo pues, de lo contrario, está condenado a ser un proyecto a corto plazo que tan solo persigue fines materiales.

De nada servirá copiar el modelo coreano, es decir, trasladar un movimiento como Saemaul y aplicarlo en esta parte del continente sin un estudio previo. He oído hablar de casos muy exitosos en algún pueblo remoto de Centroamérica sin que haya habido un respaldo espiritual. Pero son casos muy específicos. Es decir, en caso de no haber una contextualización sociocultural, lo único que provocará es un rechazo por parte de la población y el resultado será dudoso. No se trata de traer un modelo sin tener en cuenta el factor tiempo y espacio, pues Latinoamérica es extensa en superficie y diversa en su cultura, gente, costumbres e historia.

Además, al tratarse de un país que ha pasado de la pobreza extrema a una prosperidad absoluta en tan solo siete décadas, Corea del Sur también presenta su lado oscuro. Como dijo RM de BTS en una entrevista con *El País*: "Hay sombras, pues todo lo que sucede de una manera tan rápida e intensa conlleva efectos secundarios".

Por lo tanto, lejos está de mi intención considerar mi país natal como una utopía. Corea del Sur, al igual que cualquier otro país, tiene muchas virtudes, (pero esto no es sinónimo de perfecto). Una observación personal es que no hace mucho tiempo que el país ha entrado a una etapa de crecimiento, pero de carácter cualitativo, y es en este período en el que debe surgir un énfasis en el crecimiento integral, y no limitarse a lo material como ha sucedido en la década del ochenta y del noventa.

Para empezar a detallar un poco esta historia, el lado B tiene que ver con una fobia social generalizada en cuanto a las normas de seguridad. Hubo tres hechos que marcaron un antes y un después en la historia moderna de Corea del Sur, y que han quedado marcados en el inconsciente colectivo.

Primero, el derrumbe del apartamento Wau en 1970. Se trataba de un complejo de 19 edificios de 5 pisos construidos para contener a la gran cantidad de masas que se habían trasladado a la ciudad de Seúl por cuestiones laborales, lo cual produjo un déficit habitacional sin precedentes. Pero el día 8 de abril de 1970, es decir, a tan solo cuatro meses de haber sido inaugurado, uno de los edificios se desmoronó de repente. El saldo fue de 34 muertos y 40 heridos.

Las principales causas fueron el abaratamiento de costos, los sobornos a empleados públicos y las deficiencias estructurales, como la nula cimentación de la base y la floja resistencia del peso. Todo respondía a un contexto social en medio del movimiento Saemaul que marcaba el inicio de una nueva era en términos de urbanización e industrialización, en el cual había una obsesión por alcanzar las cosas lo más pronto posible.

Segundo, el colapso del puente Seongsu del río Han en 1994. Era uno de los 18 puentes que unían el distrito Norte y Sur de la ciudad de Seúl de unos 20 m de ancho y de 1160 m de largo, el cual fue construido en 1979 durante el Gobierno de Park Chung Hee.

El saldo fue de 32 muertos (de los cuales 29 eran usuarios de la línea de ómnibus número 16), 17 heridos y 6 rodados que cayeron al río. El fallo estructural fue causado por una soldadura inadecuada en la estructura de acero que sostenía el hormigón.

La otra tragedia está ligada con el derrumbe del centro comercial Sampoong en 1995. Se trataba de un edificio de 29.000 m^2 de 5 pisos y parqueo subterráneo. Era un día normal en la ciudad de Seúl hasta que, siendo las 5:57 de la tarde, el edificio ubicado en el distrito de Seocho colapsó en cuestión de veinte segundos.

De las más de 2000 personas que estaban dentro del *shopping mall* en el día del siniestro, fallecieron 502, desaparecieron 6 y sufrieron lesiones 937. Fue durante muchos años considerado como el derrumbe de un edificio con mayor cantidad de víctimas mortales de la historia hasta el atentado contra el World Trade Center en 2001.

Se supo después que hubo problemas estructurales que con el tiempo se manifestaron en grietas en el techo y en filtraciones de agua. Tanto autoridades gubernamentales como las del grupo empresarial recibieron condenas ejemplares.

En estos tres hechos se observa un denominador común, y es la urgencia en términos de tiempo con el que se hacían las cosas. En el caso de Wau, levantar un complejo de apartamentos en tan solo 6 meses costó la vida de decenas de personas. Y el colapso del puente Seongsu y del centro comercial Sampoong respondió a un conjunto de errores humanos pero, sobre todas las cosas, apurar los plazos de tiempo fue la mayor causa de ambas catástrofes.

Detrás de esta negligencia, aparece nuevamente en escena la cultura del *ppalli ppalli*, es decir, el sentido de urgencia de hacerlo todo rápido, el cual hoy día ha sido replanteado por la sociedad sin perder de vista la virtud que brinda el espíritu ágil. Afortunadamente, la imagen ha cambiado a partir del 2000, y en 2022, Corea del Sur alcanzó el quinto puesto en el ránking mundial de competitividad en la industria de la construcción, según ENR (Engineering News Record). Burj Khalifa en Dubai, Merdeka Tower 118 en Kuala Lumpur y Marina Bay Sands en Singapur son, entre otros rascacielos de fama mundial, orgullo de la ingeniería coreana.

Con respecto a la economía, Corea del Sur es un país excesivamente dependiente de la exportación, lo cual es un gran desafío de cara al futuro. A pesar de que en la actualidad es uno de los países que lidera el comercio mundial con una participación de un 3% promedio a nivel global, considero urgente crear nuevos mecanismos de desarrollo comercial, descentralizar el núcleo de socios comerciales, ganar competitividad en otros rubros con un gran potencial de crecimiento, como son los casos de la Inteligencia Artificial (AI), Internet de las Cosas (IoT), robótica industrial, transporte supersónico (hyperloop), Movilidad Aérea Urbana (UAM), industria aeroespacial, y energía renovable, entre otros, y afianzar la productividad de "Made in Korea" que respondan a las diversas necesidades como el envejecimiento poblacional, el cambio climático y el agotamiento de recursos naturales, en un escenario poco alentador en cuanto a cambios macroestructurales en la red de distribución del comercio global en base a diversas causas, incluyendo conflictos bélicos que condicionan incluso cuestiones geopolíticas.

Otro aspecto que tiene que ver con lo económico a nivel doméstico es el pronunciado nivel de pobreza de la tercera edad, ya que 4 de cada 10 personas de más de 65 años, son pobres, con lo cual está en el puesto más bajo en la lista de los países que integran la OCDE (Organización para la Cooperación y Desarrollo Económicos).

¿Cómo un país reconocido como una potencia económica tiene a un porcentaje de su población por debajo de la línea de pobreza? De acuerdo a Statistics Korea de 2022, el patrimonio promedio de una familia surcoreana ha sido de 547.720.000 wones, que vienen a ser unos 420.000 dólares estadounidenses. Pero lo paradójico es que, de esa suma de dinero, el efectivo disponible es de apenas 121.260.000 wones, es decir, menos de

100.000 dólares. Esto sucede porque el porcentaje del inmueble ocupa el 78% de todo el patrimonio, sumado a que los préstamos personales rondan los 91.700.000 wones, o sea, más de 70.000 dólares, lo que da un total de 456.020.000 wones netos, equivalentes a unos 350.000 dólares.

Pero detrás de estos datos se esconde una realidad, y es que el 10% de los ricos posee el 43,2% de los ingresos, según *Dong-A Daily*. Un claro ejemplo de ello es el alto porcentaje de participación en el mercado que ocupan los *Chaebol*, es decir, los conglomerados económicos que han invadido prácticamente todos los rubros como la construcción, la medicina, la automotriz, la energía, la telecomunicación, la electrónica, las tarjetas de crédito, los seguros, el comercio, el turismo, el transporte aéreo, la alimentación, etc., con lo cual este modelo de monopolio quita igualdad de oportunidades al emprendedor común, ya que pierde en términos de competitividad. Tal es así que el cuadro comparativo marca que el 26,3% de la población tiene entre 0 a 100 millones de wones, el 14,8% entre 100 a 200 millones de wones, el 11,4% entre 200 a 300 millones de wones, con lo cual el patrimonio promedio neto real (no nominal) no supera los 200.000 dólares por familia.

Siguiendo el hilo económico, Morgan Stanley advirtió que el surcoreano ha gastado en 2022 un promedio de 325 dólares per cápita en bienes de lujo como automóviles de alta gama, carteras y relojes de origen europeo. A simple vista, esto no parece ser un problema grave que haga tambalear la economía de un país. Ahora bien, si se compara con el promedio de un estadounidense que está en torno a los $280 o con un ciudadano chino que ronda los $55, nos da una pauta de cómo la apariencia cobra una relevancia extrema en una sociedad como la surcoreana. En 2023, el coeficiente de endeudamiento de los hogares ha superado el 100% del PBI. Para explicarlo de manera fácil, hoy el coreano gasta más de lo que gana.

Al presente, la deuda económica, la desigualdad social y la falta de redistribución de la riqueza parecen ser un tema a saldar. Como era de esperar, estos indicadores se trasladan, por ejemplo, a un considerable aumento de la tasa de suicidio. En efecto, Corea del Sur tiene una tasa de 24,1 por cada 100.000 habitantes (2020), lo cual está muy por encima del 11,1 promedio de los países miembros de la OCDE (Organización para la Cooperación y el Desarrollo Económicos). La constante presión social a ser exitoso y la obsesión por la perfección llevan a los jóvenes a un estado de depresión y, lamentablemente, en algunos casos, terminan en suicidio.

No obstante, lo más curioso de la sociedad coreana es el desmoronamiento integral. ¿A qué me refiero con esto? Debido a todas las problemáticas que han sido descriptas, la tasa de natalidad ha disminuido drásticamente en estos últimos años. En el segundo semestre de 2023, nació un promedio de 0,7 niños por familia.

El profesor David Coleman, investigador especializado en demografía de la universidad de Oxford, ya había advertido este fenómeno social en 2006 en un foro de la ONU (Organización de las Naciones Unidas) cuando la tasa de natalidad era de 1,13. En la actualidad, la tendencia del envejecimiento poblacional de la sociedad coreana parece ser irreversible y, si bien el mundo está envejeciendo a gran velocidad, en Oriente Extremo, pareciera que todo sucede más rápido. Dicho esto, Corea del Sur se ha convertido en el primer país en peligro de extinción de manera tal que se estima que, para el año 2750, la República de Corea dejará de existir como país.

Hay que reconocer que, de todos modos, Corea no deja de ser un objeto de admiración y un modelo digno de imitar. Amén de esto, también resulta positivo remarcar que el futuro en sí es una incógnita y, por consiguiente, nadie está en condiciones de predecir lo que se viene. El progreso o retroceso de las naciones es un tema muy dinámico, y está en constante cambio.

En la edad moderna, hubo países que pasaron de la pobreza a la prosperidad, como es el caso de Arabia Saudita, Brunéi, Catar, España, Irlanda, Luxemburgo, Noruega, Singapur, Suiza, en orden alfabético. Y, en contramano, también hay una lista de países que pasaron de la riqueza a una decadencia generalizada. Entre ellos están, también por orden alfabético, Angola, Argentina, Camboya, Cuba, Filipinas, Grecia, Irak, Letonia, Nauru y Venezuela.

Por lo tanto, no se sabe a ciencia cierta cómo estará Corea del Sur en los próximos 25 o 50 años. ¿Podrá mantenerse en el podio de las grandes potencias mundiales? ¿Seguirá siendo una fuente de inspiración fuertemente respaldado por los valores espirituales? ¿Qué hay en cuanto a la unificación de las dos Coreas, es decir, con su par del Norte?

Solo Dios sabe.

Pero una cosa es irrefutable vista desde cualquier óptica, y es que el épico desarrollo económico y progreso social de Corea del Sur, lo cual marca un claro contraste con su par del Norte, descansa sobre la piedra angular de lo que yo denomino “el factor socioespiritual”.

En el caso de Corea del Sur, el movimiento social Saemaul estuvo respaldado por el movimiento espiritual Saemaum, que a su vez, tiene las bases en el principio de la Cuarta Dimensión. Es decir, un movimiento socioeconómico alcanzará el éxito siempre y cuando esté fundamentado en los valores espirituales. Por tal motivo, se prevé que, a medida que Corea del Sur se acerque o abandone los valores espirituales que lo han llevado a la prosperidad, seguirá siendo un modelo digno de imitar o caerá en un pozo de estancamiento.

Insisto en esta idea. De nada sirve implementar el movimiento Saemaul sin tener en cuenta el factor espiritual. En Latinoamérica, la mayoría coincide en que es imprescindible establecer un cambio cultural para avanzar en lo socioeconómico, pero esta transformación requiere una base espiritual. Sin un fundamento sólido de naturaleza espiritual expresado en valores culturales que guíen al ser humano hacia las sendas del crecimiento, del desarrollo, del progreso y del bien común, será imposible producir un cambio sociocultural que perdure a pesar del paso de las generaciones.

Que quede claro: la transformación debe ser de carácter socioespiritual.

El factor esperanza

A decir verdad, y a modo de conclusión, un país no se mueve por la estabilidad financiera, el superávit fiscal o la calidad de vida, sino por la esperanza. A esta altura de las cosas, parece hasta incomprensible, pero lo cierto es que el ser humano es tan complejo que el bienestar material tampoco garantiza la felicidad. Y, cuando uno conecta este pensamiento con la administración de un país, es exactamente lo mismo, solo que todo acontece en una escala de mayores dimensiones.

De lo contrario, ¿cómo se entiende la paradoja de un país pobre, pero que sus habitantes son felices? Hay veces que me ha tocado visitar pueblos pequeños con la bienintencionada pero equivocada visión de cambiar la mentalidad, querer dar vuelta todo como si fuera un calcetín, y provocar una transformación en su estilo de vida. Así y todo, al interactuar con los lugareños, no he tenido más que admitir que era gente que apreciaba su cultura, que tenía una identidad clara, que conocía las virtudes y defectos de sus comunidades, y perseguía un propósito de vida. Ante este panorama, he quedado literalmente humillado al no tener nada que ofrecer.

Por lo tanto, cuando se analiza el progreso o retroceso de las naciones, hay que entender que la situación económica de un país tiene tantas variantes y elementos coyunturales que interactúan entre sí de tal forma que puede mejorar o empeorar de forma repentina, y lo que parecía ser eterno puede tornarse temporal, y lo que aparentaba ser cortoplacista perdura en el tiempo.

Entonces, la pregunta es esta: ¿qué es lo que mueve el fondo? Y la conclusión a la que he llegado es la esperanza de nuestros pueblos, la cual no deja de ser un elemento de naturaleza espiritual, pero que marca el rumbo de nuestras naciones. Por más circunstancias favorables que aparezcan, si uno pierde la esperanza, buscará oportunidades en otro lugar. En cambio, a pesar de que los pronósticos sean reservados y la situación parezca irremediable, si uno no pierde la esperanza, saldrá adelante, y esto se aplica no solo para un individuo o un grupo familiar, sino también a nivel nacional.

El ser humano, al tratarse de un ser espiritual, se nutre de esperanza. No es ninguna casualidad que, a lo largo de la historia de la humanidad, se hayan creado tantas frases relacionadas con el tema de la esperanza.

> “Mientras hay vida, hay esperanza”.
> “La esperanza es el sueño del hombre despierto”.

"La esperanza es lo último que se pierde".
"Aunque el mundo se acabara mañana, hoy plantaría un árbol".
"Tres cosas durarán para siempre: la fe, la esperanza y el amor".
"Si ayudo a una sola persona a tener esperanza, no habré vivido en vano".
"Los pueblos viven sobre todo de esperanzas".

Homer Hulbert (1863-1949) fue un diplomático, activista, misionero, y educador que trabajó intensamente para sembrar esperanza en la península coreana en uno de los períodos más oscuros de la historia de la República de Corea cuando fue invadida ilegalmente por el Imperio japonés, lo que dio fin al reinado de Gojong (1852-1919).

En su obra titulada *The Passing of Korea,* escribió unas palabras en la dedicatoria al pueblo coreano. Y dice así: "A quienes están atestiguando la muerte de la vieja Corea para dar lugar a una nueva, cuando el espíritu de esta nación, acelerado por el toque de fuego, habrá comprobado que, aunque 'el sueño es la imagen de la muerte', no es la muerte en sí".

El contexto sociopolítico indicaba que Corea iba a desaparecer del mapa, pero un hombre prendió las velas de la esperanza. "Hombre de visión y amigo de Corea", tal como se lee en el epitafio de su tumba ubicada en Seúl, predijo una frase impactante en medio de una circunstancia absolutamente desfavorable al escribir con su pluma: "No sabemos lo que depara el futuro, pero me permito expresar que hay esperanza, y que Corea hará de sí misma una nación cada vez más digna de una historia ininterrumpida y distinguida" (*History of Korea,* vol. 2, 1905).

Fue tal el impacto que causó este personaje que el Gobierno de Rhee Sygman lo invitó a dar un discurso en el Día de la Independencia (15 de agosto), ya que el hombre había sido exiliado durante la ocupación japonesa, y no tuvo otra opción que volver a los Estados Unidos.

Finalmente, el 5 de agosto de 1949, día en el que pasó a la eternidad, el Gobierno decretó por primera vez en su historia el funeral de Estado a un extranjero en honor a esta figura pública que luchó intensamente por la soberanía y progreso de la República de Corea. Aunque no logró cumplir con su compromiso de dar su discurso, sí alcanzó a cumplir su sueño: "Prefiero ser sepultado en Corea que en la abadía de Westminster".

Momentos antes de emprender su viaje a Corea, ya con 86 años, Hulbert manifestó en una entrevista: "Los coreanos están entre los pueblos más destacados del mundo", y sentenció su mirada con una frase esperanzadora: "¡Corea va a florecer!" *(Homer B. Hulbert's dream: Joseon must blossom!).*

Luego de la invasión japonesa, aconteció una guerra que lo había dejado devastado y convertido de esta manera en el país más pobre del mundo. Ninguna institución funcionaba como debía, y todo estaba en plena reconstrucción. Nacer como coreano era sinónimo de pobreza. En lo personal, nací en la década del setenta en medio del movimiento Saemaul. Tengo en mi memoria todo lo que acontecía a mi alrededor y la atmósfera espiritual que se respiraba en esa época.

En el carrete de mi *smartphone*, tengo almacenado un par de fotos de mi ciudad natal. Por un lado, hay una foto tomada a principios de 1960, y es increíble porque, literalmente, no hay nada de nada, excepto una catedral. Por otro lado, hay una imagen sacada desde el mismo ángulo, pero en este tiempo, en el que se observa la misma iglesia, pero rodeada de edificios altos.

¿Cuál fue la clave?

¿En dónde radica el éxito del milagro del río Han?

¿Cómo llegó Corea del Sur a consolidarse hoy como un integrante del Primer Mundo, una potencia mundial y el centro de la cultura global?

Mi respuesta es que mi pueblo nunca ha perdido la esperanza de vivir una vida mejor, y todos y cada uno de mis compatriotas aportaron su grano de arena por el bien del país y pagaron un precio muy alto por el bienestar social. Ante una situación de absoluta desesperanza, es fundamental concebir una absoluta esperanza.

Si un país del Oriente Extremo se levantó de las cenizas para sorprender al mundo entero y convertirse en un modelo digno de imitar en tan poco tiempo, ¿por qué no pensar que Latinoamérica tiene todo para prevalecer al tratarse de un continente extenso en superficie, enorme en espíritu, y con una incalculable cantidad de recursos naturales? Solo para citar un ejemplo, el nivel de reservas de petróleo, gas natural y litio, entre otros indicadores como la seguridad alimentaria, están en proporciones que causan envidia en el mundo. A diferencia de Corea del Sur, que tenía cero recursos naturales, Latinoamérica tiene un punto de partida totalmente privilegiado en esta carrera, ya que tiene prácticamente todo.

Si, a principios de la década del ochenta, alguien predecía que Corea del Sur iba a ser la decimotercera economía del mundo, a integrar la selecta lista de las grandes potencias y a ganarse el prestigio como el centro de la cultura global de tal manera que el mundo se movilizaría en carros *Hyundai*, se conectaría con teléfonos *Samsung*, cantaría algún hit del *K-pop* en idioma coreano y terminaría el día mirando alguna serie coreana en *Netflix*, cualquiera diría que estaba en presencia de un extraterrestre.

Por lo tanto, hay dos formas de considerar a nuestros respectivos países. La primera opción es la de mantenerse quietos con los brazos cruzados, echar la culpa a los gobernantes, maldecir la tierra que nos ha tocado poblar y proyectar un futuro lejos de donde hemos nacido como si fuera lo peor del planeta Tierra. La otra alternativa consiste en conocernos a nosotros mismos sin entrar en comparaciones innecesarias, aceptar las condiciones en que se encuentran las circunstancias, resaltar el potencial que tenemos como país y trazar un plan a largo plazo con el fin de ubicar a nuestras naciones en el podio de las más sobresalientes del mundo.

Hace no mucho tiempo, en plena pandemia del Covid-19, fui invitado por un grupo de políticos para disertar en una charla virtual acerca de transformación socioespiritual. Aproveché la ocasión para brindar una mirada algo distinta acerca de la política y proponer la importancia de reconsiderar el rol que cumplen los funcionarios públicos y aquellos que están en posiciones de relieve como agentes de esperanza, lo cual era, conforme a mi criterio, un componente faltante entre la clase política y dirigencial de América Latina.

Al día siguiente, recibí el mensaje de un miembro de la Asamblea Nacional, quien me escribió: "Me complació en gran manera cómo procedió su discurso anoche. Pienso, al igual que usted, que ocupamos un papel protagónico en la sociedad, y toda la población está muy atenta (aunque a veces no parezca) al tipo de mensaje que transmitimos, porque de eso dependerá si nuestra gente sigue viviendo con esperanza o no de cara al futuro".

Frecuentemente, como formadores de opinión, nos adentramos tanto en cuestiones técnicas que la población general no entiende, o nos mostramos tan empecinados en discusiones ideológicas o partidarias mezquinas que al ciudadano de a pie no le interesa, y perdemos de vista que somos agentes de esperanza y que el pueblo se alegra cuando los justos y honestos gobiernan bien, pero gime cuando el poder está en manos de impíos y corruptos.

Por esta razón, cuando escucho diversas opiniones muchas veces cargadas de nerviosismo, ansiedad y desesperanza, alzo la mirada al cielo, y me pregunto:

¿Acaso no será que Latinoamérica necesita una inyección de esperanza en lugar de una ayuda material?

¿Por qué no reconsiderar la escasez como una virtud, y usarlo como un punto de inflexión para el orden y el progreso?

¿Será una exageración afirmar que Argentina, Bolivia, Brasil, Chile, Colombia, Costa Rica, Cuba, Ecuador, El Salvador, Guatemala, Haití, Honduras, México, Nicaragua, Panamá, Paraguay, Perú, Puerto Rico, República Dominicana, Uruguay, y Venezuela, tienen viento de cola a favor, están a un *click* de un cambio profundo, y es cuestión de elaborar un proyecto de crecimiento integral a largo plazo sobre la base de un gran acuerdo nacional que esté por encima de cualquier gobierno de turno fundamentado en el sentido común, que acapare la voluntad de todo ciudadano para que cada uno pueda ser partícipe de una transformación socioespiritual sin precedentes con valores espirituales cargados de esperanza?

Esta cuota de esperanza no se fundamenta en un optimismo ciego o un positivismo irreal, sino en la fe en el Creador de los cielos y de la Tierra. Cierro estas páginas citando un texto del libro sobre el cual he intentado basar mi análisis acerca de Corea del Sur y Latinoamérica: transformación socioespiritual.

"Y en Su nombre pondrán las naciones su esperanza".

¡Usted y yo somos un agente de esperanza!

Epílogo

La temática del progreso o retroceso de una nación es una cuestión compleja a tratar, ya que existe por lo general una multiplicidad de factores internos y externos que terminan por inclinar la balanza hacia un lado u otro para que, definitivamente, un país transite las sendas de la prosperidad o caiga en el abismo del estancamiento y de la pobreza.

No obstante, el disparador es más simple de lo que parece.

> "¿Por qué los países ricos son ricos, y los países pobres son pobres?".

Y es aquí donde entra en juego la ingeniería de los valores espirituales que mueven el fondo. Mi hipótesis se resume en que, sin ánimo de entrar en el tema de la preponderancia de alguna religión en particular en términos porcentuales, una nación progresa a medida que se acerca a los valores de la cosmovisión judeocristiana y retrocede a medida que se aleja de estas.

Estos valores universales como la democracia, el libre mercado, la propiedad privada, la libertad de expresión, la libertad de culto, la libre circulación, los cuales están fundamentados en el amor por la paz, la lucha por la libertad y el aprecio por la soberanía fomentan, sin margen de duda, el orden social, el desarrollo económico y el progreso integral que tienen como eje central el bienestar general del ser humano como un componente de una sociedad civilizada.

Esta idea no es nada nueva, y la historia de la humanidad da testimonio de esta verdad. Los países libres son más ricos que los países en los que se rige un régimen totalitario, un pensamiento único, y se reprimen constantemente los derechos humanos, cuyos habitantes tienen una expectativa de vida mucho menor y están sometidos a una calidad de vida deplorable.

El gran contraste que existe entre Corea del Sur con su par del Norte demuestra con creces y lujo de detalles cómo un país dividido en dos hace 70 años vive actualmente en situaciones totalmente dispares, es decir, un país libre, abierto y próspero por el lado del Sur, y un país hermético, reprimido y pobre por el lado del Norte.

Se podría catalogar el ejemplo de la península coreana como un caso excepcional en el que los indicadores de cualquier cuadro comparativo son extremadamente contrastantes, y no existe un hecho similar en el mundo entero. Sin embargo, hay otros fenómenos que dan evidencia de cómo los valores universales han jugado a favor o en contra en términos de desarrollo y progreso, como es el caso de Singapur y de Malasia.

La historia revela que estos dos países eran, en realidad, un solo estado nación hasta 1957. Pero, en algún momento de la historia, Singapur tomó un camino y Malasia otro en lo que respecta a valores espirituales, y la brecha se está magnificando cada vez más con el correr de los años. Para describir en palabras simples, hoy día Singapur es un integrante del Primer Mundo con un PBI per cápita de $82.794, mientras que Malasia es considerado como un país en vías de desarrollo con un PBI de $12.449, según CEIC Data.

La diferencia no es tan abismal como el caso de Corea del Sur y de Corea del Norte, pero llama la atención cómo, en cuestión de décadas, un país se volvió rico y el otro continuó inmerso en la mediocridad.

¿Qué sucedió? ¿Por qué razón un mismo país que a causa de un conflicto se dividió en dos en algún punto de la historia, y, en igualdad de condiciones, uno se volvió próspero y el otro pobre? Y la realidad es que, con un poco de esfuerzo, podemos encontrar varios ejemplos a nivel global que no hacen más que poner mayor peso en la mirada socioespiritual, y Latinoamérica no es la excepción.

¿Es tan trascendental el tema del desarrollo económico y progreso social en lo que respecta al ciudadano de a pie? ¿Qué significa para la población en general que el país en el que vive sea democrático en su forma de gobierno, goce de superávit fiscal, acreciente el PBI, fomente la industria nacional, firme Tratados de Libre Comercio, incremente su participación en el comercio exterior, fortalezca vínculos diplomáticos, participe activamente en distintos organismos mundiales, etc.?

Esta misma pregunta es la que hizo uno de los intelectuales más destacados del siglo XX al visitar una zona rural en Corea del Sur hace dos décadas, pues había visto con sus propios ojos cómo un país devastado, derrotado y arruinado por un conflicto bélico se había levantado y de a poco se estaba consolidando como una potencia mundial.

Mientras viajaba en el asiento trasero de un automóvil, ancló su mirada en un anciano que estaba vestido de manera tradicional y tenía puesto un sombrero en un día caluroso de verano. Se lo notaba cansado a causa del sol radiante. Mientras observaba esta escena, el hombre no podía dejar de preguntar qué habría implicado un factor como la prosperidad para alguien que había atravesado los tiempos de guerra y que había experimentado en carne propia el notable progreso económico de su propio país.

Fue en ese mismo instante en que el anciano sacó de su bolsillo un teléfono inalámbrico, y empezó a hablar con alguien mientras se le dibujaba una sonrisa de oreja a oreja. Podía tratarse de alguien muy querido, como puede ser un nieto. Entonces, comprendió que ese modo de conectarse podría salvarle la vida en una situación de emergencia en el día de mañana.

El desarrollo económico y el progreso social son fundamentales en el sentido de que mejoran la calidad de vida del ciudadano común. Pero, para lograr esto, es necesario entender que hay que pagar un alto precio, y es imperativo establecer un proyecto a largo plazo en el que se deberán sembrar nuevos valores espirituales que ayuden a ganar la batalla cultural a los efectos de alcanzar una transformación socioespiritual, la cual permitirá que nuestras naciones empiecen a transitar las sendas del orden, el desarrollo, el progreso, la prosperidad, y el bienestar.

Glosario

Aegukga: Significa "canción de amor por el país", y es el himno nacional de la República de Corea. Sus letras fueron creadas en 1919, pero la composición melódica tal como se conoce hoy día se gestó en 1935 durante la invasión japonesa.

Armisticio: Es la suspensión de hostilidades pactada entre pueblos o ejércitos beligerantes. En el caso de la península coreana, se firmó el mismo el 27 de julio de 1953 en Panmunjom, motivo por el cual las dos Coreas siguen técnicamente en guerra aún hoy día.

Chaebol: Se refiere a los grandes conglomerados económicos de Corea del Sur, cuyas compañías tienen presencia en casi todos los rubros que van desde la tecnología hasta los seguros con la particularidad de que son un negocio de familia, lo cual da lugar a cierto monopolio.

Creative Korea: Es un eslogan que lanzó el Gobierno a través del Ministerio de Cultura, Deportes y Turismo en 2016 con el objeto de promocionar a Corea del Sur como una marca nacional.

CRIK: Por sus siglas en inglés, Civilian Relief in korea fue el nombre previo que se le atribuyó al programa de asistencia económica conocido como UNKRA (United Nations Korean Reconstruction Agency) creado por la ONU (Organización de las Naciones Unidas) en 1950.

ERP: Por sus siglas en inglés, Emergency Relief Program fue un proyecto de asistencia económica dirigido por la ONU

(Organización de las Naciones Unidas) en un contexto de posguerra.

Guerra de Corea: Fue un conflicto bélico que ocurrió en la península coreana entre 1950 y 1953, donde se enfrentaron Corea del Sur, apoyado por las Fuerzas Armadas de varios países comandados por Estados Unidos, contra Corea del Norte, apoyado por la Ex Unión Soviética y China.

Hallyu: Conocido como "la ola coreana" *(Korean Wave)*, es el formato de nuevos contenidos tales como películas, juegos, programas de televisión, gastronomía, y música, provenientes de Corea del Sur, lo que contribuye al entendimiento entre las distintas culturas a nivel global.

Hanguk: Significa *la nación de Han* o *el pueblo de los Han,* y es la manera formal y abreviada en que los coreanos se refieren a su propio país. La República de Corea se traduce como Daehanminguk.

Hangul: Es el alfabeto único del idioma coreano, anunciado por primera vez por el Rey Sejong el Grande en 1443 con el nombre de *Hunmingjeongeum,* que significa "el sonido correcto que enseña al pueblo". La excelencia científica y creatividad del *Hangul* son reconocidas alrededor del mundo ya que sus 14 consonantes y 10 vocales simples más 5 consonantes y 11 vocales dobles, inspiradas en los órganos vocales, permiten combinar un número casi infinito de palabras.

Hungry spirit: Se refiere a la fuerza de voluntad con el que se supera cualquier circunstancia adversa, aun cuando esta esté marcada por una situación extrema, como una hambruna.

Jeong: Como un elemento vital del *K-culture,* se traduce en profundos sentimientos de afecto, apego, cordialidad y empatía hacia los demás.

Juche: Es la ideología política de Corea del Norte que define un sistema filosófico centrado en la figura de Kim Il Sung, su fundador. Se trata de un pensamiento único que viene a ser una adaptación del marxismo a la idiosincrasia norcoreana.

K-beauty: Es un término general para referirse a los productos para el cuidado de la piel que se derivan de la industria cosmética coreana.

K-culture: Es otra forma de expresar la ola coreana que involucra el *K-pop*, los *K-dramas*, el *K-food*, más un sinnúmero de elementos que forman parte de esta nueva tendencia de la cultura global.

K-drama: Como parte elemental de la ola coreana, es el conjunto de series de televisión que se caracteriza por su alto contenido emocional, y que se popularizaron a mediados de la década del noventa y principios del 2000 a nivel global.

K-food: Se refiere a la gran variedad de la gastronomía coreana que está basada principalmente en arroz, vegetales y carne.

K-pop: Es una abreviatura de *Korean pop*, un estilo de música popular que floreció en Corea del Sur. Actualmente, se ha posicionado como un género musical aparte, y es una industria en constante movimiento, ya que se considera como parte de la cultura global contemporánea.

KBS: Por sus siglas en inglés, Korean Broadcasting System, es una empresa de radiodifusión pública de Corea del Sur.

Kimchi: Forma parte del *K-food*, y se refiere al plato hecho a base de preparación fermentada que tiene como ingrediente básico el *baechu*. En Argentina, se celebra el Día Nacional del Kimchi cada 22 de noviembre, valorando el aporte cultural y social de los inmigrantes coreanos en dicho país.

KITA: Por sus siglas en inglés, Korea International Trade Association, fundada en 1946, es la organización comercial más importante de Corea del Sur con más de 73.000 miembros.

KOICA: Por sus siglas en inglés, Korea International Cooperation Agency, fundada en 1991 por el Ministerio de Relaciones Exteriores de la República de Corea, es una organización gubernamental de asistencia para el desarrollo.

KOTRA: Por sus siglas en inglés, Korea Trade-Investment Promotion Agency, es una organización gubernamental encargada de fomentar la exportación de los productos y servicios coreanos en el mundo mediante las actividades de promoción como investigación de mercado, encuentros empresariales, recopilación y difusión de información comercial.

Milagro del Río Han: Término usado en círculos académicos para referirse al crecimiento económico de Corea del Sur, sobre todo de la década del sesenta, setenta y ochenta.

Mukbang: Se trata de una transmisión de video en la que los espectadores se dedican a ver comer al anfitrión. Por lo general, son grandes cantidades de platos.

Ottogi: Conocido en el mundo occidental como "roly poly", es un juguete para niños similar al *mamushka,* el cual tiene un peso en la parte inferior que lo hace volver siempre a su posición original. Para los coreanos, tiene un profundo significado de autoayuda y esperanza.

Panmunjom: Es el lugar donde se firmó el armisticio en 1953. Actualmente dicha zona se encuentra desmilitarizada, y se lleva a cabo la mayor parte de las negociaciones entre las dos Coreas.

Paralelo 38: Es una línea paralela ubicada en los 38° norte del plano ecuatorial de la Tierra. Ha tenido una especial importancia en la historia moderna de Corea debido a un conflicto bélico.

Ppalli ppalli: Se traduce como "rápido" o "prisa", y está asociado al notable progreso económico sobre la base de un espíritu de avance urgente.

Río Han: Es un río que nace de la confluencia de los ríos Namhan y Bukhan. El río fluye a través de la ciudad de Seúl en forma horizontal y divide los distritos Norte y Sur, más conocido como Gangbuk y Gangnam.

Saemaul: Fue un movimiento socioeconómico y cultural, dirigido por el presidente Park Chung Hee entre 1970 y 1979, el cual promovía la integración y modernización de las regiones rurales sobre la base de tres valores: (1) diligencia, (2) autoayuda, y (3) cooperación, y cuyo lema era "Se puede vivir bien" *(Let's live well)*. Ha sido condecorado por la UNESCO como Patrimonio Cultural de la Humanidad en 2013.

Saemaum: Fue un movimiento socioespiritual y cultural, liderado por el pastor Cho Yonggi sobre la base de un lema compuesto por tres frases: "Podemos hacerlo" *(We can do it)*, "Sí, se puede" *(It can be done)*, y "Hagámoslo" *(Let's do it)*, y del que se cree que ha sido el fundamento espiritual del movimiento Saemaul.

Statistics Korea: También conocida como KOSTAT, es la organización gubernamental responsable de administrar y dar a conocer las distintas estadísticas a nivel nacional.

UNKRA: Por sus siglas en inglés, United Nations Korean Reconstruction Agency fue un programa de asistencia económica creada por la ONU (Organización de las Naciones Unidas). Se estima que, durante ese período (1950-1958), 34 países miembros y 5 países no miembros de dicho organismo han contribuido con más de 148.500.000 dólares estadounidenses.

Yageun: Son las horas extras de trabajo que se dan generalmente sin previo aviso, se extienden casi hasta la medianoche, y pueden ser no renumeradas como corresponde.

Yoido Full Gospel: Es la iglesia más emblemática de Corea del Sur fundada por el Dr. Cho Yonggi en la isla de Yoido (o Yeouido), Seúl. En 1993, ha sido reconocida por el *Guinness Book of World Records* como la iglesia más grande del mundo, con más de 780.000 miembros activos.

Acerca del autor

ARIEL KIM es un reconocido intelectual coreano. Ha visitado cada rincón de América Latina brindando conferencias a universitarios, emprendedores, profesionales, empresarios, y políticos en pos de levantar una nueva generación de líderes comprometidos con la transformación socioespiritual de sus naciones mediante el modelo de la Cuarta Dimensión. Es autor de más de 30 libros, entre estos, *El Principio de la Cuarta Dimensión*.

Para contactarse con el autor:

Esperamos que este libro
haya sido de su agrado.
Para información o comentarios,
contáctenos en la dirección
que aparece debajo.

Muchas gracias.

www.ingramcontent.com/pod-product-compliance
Lightning Source LLC
LaVergne TN
LVHW012056160826
845678LV00014B/2848
9786316631046